# Apple Watch Series 7

# pour les débutants

## Un guide complet pour maîtriser votreMontre intelligente

**Steven C. Ewers**

**Droits d'auteur © Jeff K. Watson, 2024**.

Tous droits réservés. Aucune partie de cette publication ne peut être reproduite, distribuée ou transmise sous quelque forme ou par quelque moyen que ce soit, y compris la photocopie, l'enregistrement ou d'autres méthodes électroniques ou mécaniques, sans l'autorisation écrite préalable de l'éditeur, sauf dans le cas de brèves citations incorporées. dans des critiques critiques et dans certaines autres utilisations non commerciales autorisées par la loi sur le droit d'auteur.

# TABLE DES MATIÈRES

# Introduction

L'Apple Watch Series 7 est la montre intelligente la plus récente et la plus avancée d'Apple, offrant un design époustouflant, un écran plus grand et plus réactif, une durabilité améliorée, une charge plus rapide et une multitude d'outils de santé et de bien-être. Que vous souhaitiez surveiller votre fréquence cardiaque, suivre vos entraînements, rester connecté avec vos amis et votre famille ou accéder à vos applications et services préférés, l'Apple Watch Series 7 peut tout faire.

Mais comment tirer le meilleur parti de votre nouvel appareil ? Comment le configurer, le personnaliser et l'utiliser efficacement ? Comment découvrir et utiliser les fonctionnalités et astuces cachées qui rendent votre montre connectée encore plus intelligente ?

C'est là qu'intervient ce guide. Ce livre est conçu pour vous aider à apprendre tout ce que vous devez savoir sur votre Apple Watch Series 7, des bases aux niveaux avancés. Vous apprendrez à :

Associez votre Apple Watch à votre iPhone et synchronisez vos données et paramètres

Naviguez dans l'interface watchOS 8 et utilisez la couronne numérique, le bouton latéral et l'écran tactile

Ajustez la luminosité, la taille du texte, le son et le retour haptique de votre montre

Changez le cadran de votre montre et personnalisez-le avec des complications

Utilisez le centre de contrôle et le centre de notifications

Utilisez Siri, Apple Pay, Apple Music, Apple Podcasts et d'autres applications intégrées

Téléchargez et installez des applications depuis l'App Store

Suivez votre santé et votre forme physique avec l'application Santé, l'application Fitness, l'application ECG, l'application Blood Oxygen et l'application Mindfulness.

- Utilisez les fonctionnalités de détection de chute et de détection d'accident de voiture

- Utilisez la configuration familiale et le mode Heure scolaire

- Utilisez l'application Find My et la fonction SOS d'urgence

- Gérez la durée de vie de votre batterie et chargez votre montre

- Résoudre les problèmes et erreurs courants

Et beaucoup plus!

À la fin de ce livre, vous serez en mesure de maîtriser votre Apple Watch Series 7 et de profiter de tous les avantages et fonctionnalités qu'elle a à offrir. Vous découvrirez également quelques trucs et astuces qui rendront votre expérience de smartwatch encore meilleure.

Alors qu'est-ce que tu attends? Prenez votre Apple Watch Series 7 et votre iPhone, et commençons !

# Apprendre à connaître votre Apple Watch

C'est un excellent sujet pour votre guide. Apprendre à connaître votre Apple Watch est la première étape pour profiter de ses fonctionnalités et de ses avantages. Voici quelques sous-thèmes que vous souhaiterez peut-être inclure dans cette section :

Identifiez votre modèle Apple Watch et la taille du boîtier : Il existe différents modèles et tailles d'Apple Watch, et savoir lequel vous possédez peut vous aider à trouver des accessoires compatibles, des mises à jour logicielles et une assistance. Vous pouvez identifier le modèle de votre Apple Watch et la taille du boîtier en vérifiant la gravure au dos de votre appareil ou en utilisant l'application Apple Watch sur votre iPhone1.

Apprenez les gestes et les boutons de base : l'Apple Watch dispose d'un écran tactile, d'une couronne numérique et d'un bouton latéral que vous pouvez utiliser pour interagir avec elle. Vous pouvez également utiliser des commandes vocales avec Siri ou un contrôle gestuel avec Raise to Wake, Cover to Mute et Tap to Speak Time. Vous pouvez apprendre les gestes et les boutons de base en suivant le didacticiel à l'écran lors de la configuration de votre appareil ou en visitant le site Web d'assistance Apple2.

Personnalisez le cadran de votre montre et ses complications : le cadran de la montre est l'écran principal que vous voyez lorsque vous levez votre poignet ou appuyez sur l'écran. Vous pouvez choisir parmi différents styles, couleurs et complications (widgets affichant des informations ou des raccourcis) en fonction de vos préférences et de vos besoins. Vous pouvez personnaliser le cadran et les complications de votre montre en utilisant l'application Apple Watch sur votre iPhone ou en appuyant fermement sur l'écran et en balayant vers la gauche ou la droite23.

Organisez vos applications et votre station d'accueil : les applications de votre Apple Watch sont disposées dans une grille en forme de nid d'abeille à laquelle vous pouvez accéder en appuyant sur la couronne numérique. Vous pouvez zoomer et dézoomer, faire glisser et réorganiser ou supprimer les applications à l'aide de l'écran tactile. Vous pouvez également accéder à vos applications les plus utilisées ou préférées en appuyant sur le bouton latéral, qui ouvre le dock. Vous pouvez ajouter, supprimer ou réorganiser les applications dans le dock en utilisant l'application Apple Watch sur votre iPhone ou en appuyant fermement sur l'écran et en appuyant sur Modifier23.

Ajustez les paramètres et les préférences : L'Apple Watch dispose de divers paramètres et préférences que vous pouvez modifier pour la rendre plus confortable et plus pratique pour vous. Par exemple, vous pouvez régler la luminosité, la taille du texte, le son et le retour haptique de votre appareil, ou activer des fonctionnalités telles que Ne pas déranger, le mode avion ou le verrouillage de l'eau. Vous pouvez accéder aux paramètres en faisant glisser votre doigt depuis le bas de l'écran et en appuyant sur l'icône, ou en utilisant l'application Apple Watch sur votre iPhone23.

# Configuration de votre Apple Watch

## Déballage et configuration initiale

Un autre excellent sujet pour votre guide. Le déballage et la configuration initiale sont les premières étapes pour que votre Apple Watch Series 7 soit prête à l'emploi. Voici quelques sous-thèmes que vous souhaiterez peut-être inclure dans cette section :

Contenu de la boîte : L'Apple Watch Series 7 est livrée avec la montre elle-même, un câble de chargement magnétique, un adaptateur secteur et un bracelet. Selon le modèle et la taille que vous choisissez, l'anneau peut être une boucle solo, une boucle solo tressée, une bande sport, une boucle sport, un lien en cuir, ou encore une boucle milanaise12. Vous pouvez également acheter des bracelets supplémentaires auprès d'Apple ou d'autres détaillants pour personnaliser votre look.

Comment attacher ou changer le bracelet : L'Apple Watch Series 7 dispose d'un mécanisme simple pour attacher ou changer le bracelet. Il vous suffit d'appuyer sur le bouton de déverrouillage du bracelet situé à l'arrière de la montre, de faire glisser le bracelet hors de la fente et de faire glisser le nouveau bracelet jusqu'à ce que vous entendiez un clic. Assurez-vous que le bracelet est correctement orienté et qu'il s'adapte parfaitement mais confortablement à votre poignet23.

Comment charger la montre : L'Apple Watch Series 7 a une autonomie allant jusqu'à 18 heures, mais elle peut varier en fonction de votre utilisation et de vos paramètres. Pour charger la montre, vous devez connecter le câble de charge magnétique à l'adaptateur secteur et le brancher sur une prise de courant. Ensuite, vous devez aligner le chargeur avec l'arrière de la montre et attendre que l'icône de chargement apparaisse sur l'écran. Vous pouvez également vérifier le pourcentage de batterie en faisant glisser votre doigt depuis le haut de l'écran.

Comment coupler la montre avec votre iPhone : L'Apple Watch Series 7 nécessite un iPhone 6s ou version ultérieure avec iOS 15 ou version ultérieure pour fonctionner. Pour coupler la montre avec votre iPhone, vous devez allumer les deux appareils et les rapprocher. Ensuite, vous devez suivre les instructions à l'écran sur votre iPhone pour scanner l'animation sur votre montre, ou saisir manuellement le code à six chiffres. Vous pouvez également choisir de restaurer votre montre à partir d'une sauvegarde ou de la configurer en tant que nouvel appareil. Vous devrez ensuite accepter les termes et conditions, vous connecter avec votre identifiant

Apple et activer ou désactiver des fonctionnalités telles que Siri, Find My et Health23.

Comment mettre à jour watchOS : L'Apple Watch Series 7 est livrée avec watchOS 8 préinstallé, mais vous devrez peut-être la mettre à jour vers la dernière version pour profiter des nouvelles fonctionnalités et améliorations. Pour mettre à jour watchOS, vous devez vous assurer que votre montre est connectée au Wi-Fi et dispose d'au moins 50 % de batterie. Ensuite, vous devez ouvrir l'application Watch sur votre iPhone, appuyer sur Général et appuyer sur Mise à jour logicielle. Vous devrez ensuite télécharger et installer la mise à jour, et attendre que votre montre redémarre23.

# Associer l'Apple Watch à l'iPhone

Pour coupler votre Apple Watch Series 7 avec votre iPhone, vous devez suivre ces étapes :

Assurez-vous que votre iPhone dispose de la dernière version d'iOS et que votre Apple Watch dispose de la dernière version de watchOS.

Allumez votre Apple Watch en appuyant longuement sur le bouton latéral jusqu'à ce que le logo Apple apparaisse.

Approchez votre iPhone de votre Apple Watch et attendez que l'écran de couplage apparaisse sur votre iPhone. Si ce n'est pas le cas, ouvrez l'application Apple Watch sur votre iPhone et appuyez sur Associer une nouvelle montre.

Appuyez sur Configurer pour moi-même et numérisez l'animation sur votre Apple Watch avec l'appareil photo de votre iPhone. Si vous ne pouvez pas utiliser l'appareil photo, appuyez sur Associer l'Apple Watch manuellement et suivez les instructions sur votre iPhone et votre Apple Watch.

Appuyez sur Configurer le cellulaire si vous souhaitez ajouter un forfait cellulaire à votre Apple Watch. Sinon, appuyez sur Configurer plus tard dans l'application Apple Watch.

Suivez les instructions à l'écran pour personnaliser vos paramètres, créer un mot de passe et choisir les applications que vous souhaitez installer sur votre Apple Watch.

Attendez que votre Apple Watch se synchronise avec votre iPhone. Cela peut prendre un certain temps. Gardez vos appareils proches les uns des autres jusqu'à ce que vous entendiez un carillon et sentiez un léger tapotement de votre Apple Watch.

# comment personnaliser les cadrans et les complications

## Comment personnaliser les cadrans et les complications de l'Apple Watch Series 7

L'Apple Watch Series 7 offre une variété de cadrans et de complications que vous pouvez personnaliser en fonction de votre style, de vos préférences et de vos besoins. Les cadrans de montre sont les écrans principaux qui affichent l'heure et d'autres informations sur votre appareil. Les complications sont de petits widgets qui affichent des données en temps réel ou des raccourcis d'applications prises en charge sur le cadran de votre montre.

Dans ce chapitre, vous apprendrez à choisir, personnaliser et gérer les cadrans et les complications de votre Apple Watch Series 7. Vous découvrirez également quelques trucs et astuces pour rendre votre cadran de montre plus utile et personnel.

## Comment choisir un cadran de montre

L'Apple Watch Series 7 est livrée avec plus de 30 cadrans, chacun avec son propre design, ses fonctionnalités et ses options de personnalisation. Vous pouvez choisir parmi différentes catégories, telles que Utilitaire, Modulaire, Activité, Photos, etc. Vous pouvez également télécharger de nouveaux cadrans de montre depuis l'App Store ou créer le vôtre avec l'application Raccourcis.

Pour choisir un cadran de montre, vous pouvez utiliser soit votre Apple Watch, soit votre iPhone. Voici les étapes pour les deux méthodes :

**Depuis votre Apple Watch :**

Faites glisser votre doigt vers la gauche ou la droite sur l'écran pour parcourir les cadrans de montre que vous avez déjà ajoutés.

Appuyez et maintenez l'écran pour accéder à la galerie des cadrans de la montre. Faites glisser votre doigt vers la gauche ou la droite pour voir les cadrans de montre disponibles. Appuyez sur celui que vous souhaitez pour l'ajouter à votre collection. Appuyez sur la couronne numérique pour quitter la galerie des cadrans de montre et revenir au cadran de la montre.

**Depuis votre iPhone :**

Ouvrez l'application Watch sur votre iPhone et appuyez sur l'onglet Face Gallery en bas.

Parcourez les catégories de cadrans de montre et appuyez sur celle que vous aimez. Vous verrez un aperçu du cadran de la montre et de ses options de personnalisation.

Appuyez sur le bouton Ajouter pour ajouter le cadran de la montre à votre collection. Vous pouvez également appuyer sur le bouton Définir comme cadran de montre actuel pour l'appliquer immédiatement à votre Apple Watch.

Vous pouvez ajouter autant de cadrans que vous le souhaitez à votre collection, mais vous ne pouvez en voir que 24 au maximum sur votre Apple Watch à la fois. Vous pouvez supprimer ou réorganiser les cadrans de montre à partir de l'application Watch sur votre iPhone.

**Comment personnaliser un cadran de montre**

Une fois que vous avez choisi un cadran de montre, vous pouvez le personnaliser pour le rendre plus personnel et fonctionnel. Vous pouvez modifier le style, la couleur et les complications du cadran de la montre, en fonction de sa conception et de ses fonctionnalités.

Pour personnaliser un cadran de montre, vous pouvez utiliser votre Apple Watch ou votre iPhone. Voici les étapes pour les deux méthodes :

**Depuis votre Apple Watch :**
Basculez vers le cadran de la montre que vous souhaitez personnaliser en faisant glisser votre doigt vers la gauche ou la droite sur l'écran.

Appuyez et maintenez l'écran, puis appuyez sur le bouton Modifier. Si votre Apple Watch exécute watchOS 8, appuyez directement sur le bouton Modifier.

Faites glisser votre doigt vers la gauche ou la droite pour accéder aux différentes options de personnalisation, telles que le cadran, le style, les symboles, la couleur et les complications.

Appuyez sur l'option que vous souhaitez modifier et utilisez la couronne numérique ou l'écran tactile pour faire défiler les choix disponibles.

Appuyez sur la couronne numérique pour enregistrer vos modifications, puis appuyez à nouveau dessus pour revenir au cadran de la montre.

**Depuis votre iPhone :**
Ouvrez l'application Watch sur votre iPhone et appuyez sur l'onglet Ma montre en bas.

Appuyez sur le cadran de la montre que vous souhaitez personnaliser dans la section Mes visages.

Appuyez sur le bouton Modifier pour accéder aux options de personnalisation, telles que le cadran, le style, les symboles, la couleur et les complications.

Appuyez sur l'option que vous souhaitez modifier et utilisez le curseur ou le sélecteur pour sélectionner votre choix.

Appuyez sur le bouton Terminé pour enregistrer vos modifications, puis appuyez sur le bouton Définir comme cadran de montre actuel pour l'appliquer à votre Apple Watch.

Vous pouvez également créer des cadrans de montre personnalisés avec l'application Raccourcis sur votre iPhone. Vous pouvez utiliser des photos, du texte, des icônes et des couleurs pour concevoir votre propre cadran de montre. Vous pouvez également ajouter des actions ou des raccourcis au cadran de la montre pour effectuer des tâches d'un simple toucher. Pour créer un cadran de montre personnalisé avec l'application Raccourcis, procédez comme suit :

Ouvrez l'application Raccourcis sur votre iPhone et appuyez sur le bouton + dans le coin supérieur droit. Appuyez sur le bouton Ajouter une action et recherchez Watch Face. Appuyez sur l'action Watch Face pour l'ajouter à votre raccourci.

Appuyez sur le bouton Choisir et sélectionnez le type de cadran de montre que vous souhaitez créer. Vous pouvez choisir parmi Photos, Kaléidoscope ou Personnalisé.

Appuyez sur le bouton Afficher plus pour voir les options de personnalisation du cadran de la montre. Vous pouvez modifier le style, la couleur, la photo, le texte, l'icône et les complications du cadran de la montre.

Appuyez sur le bouton Suivant et donnez un nom à votre raccourci. Appuyez sur le bouton Terminé pour enregistrer votre raccourci.

Appuyez sur le bouton... de votre raccourci et appuyez sur le bouton Ajouter à l'écran d'accueil. Vous verrez un aperçu du cadran de votre montre et de son icône.

Appuyez sur le bouton Ajouter pour ajouter le cadran de la montre à votre écran d'accueil. Vous pouvez également appuyer sur l'icône pour modifier son apparence.

Appuyez sur le bouton Terminé pour quitter l'éditeur de raccourcis. Vous verrez le cadran de la montre sur votre écran d'accueil.

Appuyez sur l'icône du cadran de la montre sur votre écran d'accueil pour l'ajouter à votre Apple Watch. Vous verrez un message de confirmation sur votre iPhone et votre Apple Watch.

Appuyez sur le bouton Ajouter un cadran de montre pour ajouter le cadran de la montre à votre collection. Vous pouvez également appuyer sur le bouton Définir comme cadran de montre actuel pour l'appliquer immédiatement à votre Apple Watch.

## Comment gérer les cadrans et les complications

Vous pouvez gérer vos cadrans et complications depuis l'application Watch sur votre iPhone. Vous pouvez supprimer, réorganiser, partager ou dupliquer vos cadrans de montre. Vous pouvez également modifier, ajouter ou supprimer des complications sur les cadrans de votre montre.

Pour gérer vos cadrans et complications, procédez comme suit :

Ouvrez l'application Watch sur votre iPhone et appuyez sur l'onglet Ma montre en bas.

Pour supprimer un cadran de montre, balayez vers la gauche sur le cadran de la montre sous la section Mes visages et appuyez sur le bouton Supprimer.

Pour réorganiser un cadran de montre, appuyez sur le bouton Modifier dans le coin supérieur droit et faites glisser le cadran de la montre vers une nouvelle position. Appuyez sur le bouton Terminé pour enregistrer la commande.

Pour partager un cadran de montre, appuyez sur le cadran de la montre sous la section Mes visages et appuyez sur le bouton Partager dans le coin supérieur droit. Vous pouvez partager le cadran de la montre via Messages, Mail, AirDrop ou d'autres applications. Le destinataire recevra un lien pour ajouter le cadran de la montre à son Apple Watch.

Pour dupliquer un cadran de montre, appuyez sur le cadran de la montre sous la section Mes visages et appuyez sur le bouton Dupliquer en bas. Vous verrez une copie du cadran de la montre dans votre collection. Vous pouvez le personnaliser à votre guise.

Pour modifier une complication, appuyez sur le cadran de la montre sous la section Mes visages et faites défiler jusqu'à la section Complications. Appuyez sur l'emplacement de complication que vous souhaitez modifier et sélectionnez une nouvelle complication dans la liste.

Pour ajouter une complication, appuyez sur le cadran de la montre sous la section Mes visages et faites défiler jusqu'à la section Complications. Appuyez sur le bouton + et sélectionnez une complication dans la liste.

Pour supprimer une complication, appuyez sur le cadran de la montre sous la section Mes visages et faites défiler jusqu'à la section Complications. Appuyez sur l'emplacement de complication que vous souhaitez supprimer et sélectionnez Aucun dans la liste.

Trucs et astuces pour les cadrans et les complications

**Voici quelques trucs et astuces pour rendre le cadran de votre montre plus utile et plus personnel :**
Vous pouvez basculer entre les cadrans de votre montre en faisant glisser votre doigt vers la gauche ou la droite sur l'écran. Vous pouvez également

utiliser la Digital Crown pour faire défiler les cadrans de votre montre.

Vous pouvez accéder à la galerie des cadrans de la montre en appuyant longuement sur l'écran et en faisant glisser votre doigt vers la gauche. Vous pouvez également appuyer sur le bouton + pour ajouter un nouveau cadran de montre.

Vous pouvez personnaliser le cadran de votre montre directement depuis votre poignet en appuyant longuement sur l'écran et en appuyant sur le bouton Modifier. Vous pouvez également appuyer sur le bouton Personnaliser dans la galerie des cadrans de la montre.

Vous pouvez utiliser la fonction Always On pour garder le cadran de votre montre visible même lorsque votre poignet est baissé. Pour activer ou désactiver cette fonctionnalité, ouvrez l'application

Paramètres sur votre Apple Watch, appuyez sur Affichage et luminosité et activez le commutateur Toujours activé. Vous pouvez également le faire depuis l'application Watch sur votre iPhone.

Vous pouvez utiliser le mode Table de nuit pour transformer votre Apple Watch en horloge de chevet lorsqu'elle est en charge. Pour activer ou désactiver cette fonctionnalité, ouvrez l'application Paramètres sur votre Apple Watch, appuyez sur Général et activez le commutateur Mode table de nuit. Vous pouvez également le faire depuis l'application Watch sur votre iPhone.

Vous pouvez utiliser le cadran de la montre Siri pour afficher des informations personnalisées et pertinentes provenant de diverses applications tout au long de la journée. Vous pouvez également poser des questions à Siri ou donner des commandes en levant votre poignet et en disant « Hey Siri » ou en appuyant longuement sur la couronne numérique.

Vous pouvez utiliser le cadran de la montre Infograph pour afficher jusqu'à huit complications sur le cadran de votre montre. Vous pouvez également personnaliser le cadran, la couleur et les symboles du cadran de la montre.

Vous pouvez utiliser le cadran Photos pour voir vos photos préférées sur votre cadran. Vous pouvez également créer des albums ou des souvenirs dans l'application Photos sur votre iPhone et les synchroniser avec votre Apple Watch.

Vous pouvez utiliser le cadran de l'Horloge mondiale pour voir l'heure dans différentes villes du monde. Vous pouvez également ajouter ou supprimer des villes de l'application Horloge mondiale sur votre Apple Watch ou iPhone.

Vous pouvez utiliser le cadran de la montre Memoji pour voir vos caractères Memoji ou Animoji sur votre cadran de montre. Vous pouvez également créer ou modifier votre Memoji à partir de l'application Memoji sur votre Apple Watch ou iPhone.

# Naviguer sur votre Apple Watch

## comment comprendre l'interface de la montre

L'interface de la montre de l'Apple Watch Series 7 se compose de quatre éléments principaux : le cadran de la montre, la grille d'applications, le centre de contrôle et le centre de notification. Voici un bref aperçu de chaque élément et comment y accéder :

Le cadran de la montre est l'écran principal qui affiche l'heure et d'autres informations, telles que la progression de votre activité, la météo ou votre fréquence cardiaque. Vous pouvez personnaliser le cadran de la montre en modifiant le style, la couleur et les complications. Vous pouvez également basculer entre différents cadrans de montre en faisant glisser votre doigt vers la gauche ou la droite sur l'écran. Pour accéder à la galerie des cadrans de montre, appuyez longuement sur l'écran et balayez vers la gauche. Pour modifier le cadran actuel de la montre, appuyez longuement sur l'écran et appuyez sur Modifier.

La grille des applications est l'écran qui affiche toutes les applications que vous avez installées sur votre Apple Watch. Vous pouvez lancer une application en appuyant sur son icône. Vous pouvez également effectuer un zoom avant et arrière, faire glisser et réorganiser ou supprimer les applications à l'aide de l'écran tactile. Pour accéder à la grille des applications, appuyez une fois sur la couronne numérique depuis le cadran de la montre. Pour revenir au cadran de la montre, appuyez à nouveau sur la couronne numérique.

Le centre de contrôle est l'écran qui affiche les paramètres rapides et les raccourcis, tels que le mode avion, Ne pas déranger, la batterie, la lampe de poche, etc. Vous pouvez basculer ou ajuster les paramètres en appuyant ou en faisant glisser les icônes. Pour accéder au centre de contrôle, faites glisser votre doigt depuis le bas de l'écran. Pour fermer le centre de contrôle, faites glisser votre doigt depuis le haut de l'écran ou appuyez sur la couronne numérique.

Le centre de notifications est l'écran qui affiche vos notifications provenant de diverses applications, telles que les messages, les appels, les rappels, etc. Vous pouvez afficher, ignorer ou répondre aux notifications en les appuyant ou en les faisant glisser. Pour accéder au centre de notification, faites glisser votre doigt depuis le haut de l'écran. Pour fermer le centre de notification, faites glisser votre doigt depuis le bas de l'écran ou appuyez sur la couronne numérique.

## comment utiliser la couronne numérique et les boutons latéraux

L'Apple Watch Series 7 dispose de deux boutons physiques que vous pouvez utiliser pour interagir avec l'appareil : la couronne numérique et le bouton latéral. La couronne numérique est un cadran circulaire sur lequel vous pouvez appuyer, tourner ou double-cliquer pour effectuer diverses actions. Le bouton latéral est un bouton rectangulaire sur lequel vous pouvez appuyer, maintenir enfoncé ou double-cliquer pour accéder à différentes fonctionnalités.

**Comment utiliser la couronne numérique**

La Digital Crown est située sur le côté droit de votre Apple Watch, au-dessus du bouton latéral. Vous pouvez utiliser la Digital Crown pour effectuer les opérations suivantes :

Appuyez une fois sur la couronne numérique pour voir le cadran de la montre ou la grille des applications. Le cadran de la montre est l'écran principal qui affiche l'heure et d'autres informations. La grille des applications est l'écran qui affiche toutes les applications que vous avez installées sur votre Apple Watch. Vous pouvez basculer entre le cadran de la montre et la grille des applications en appuyant une fois sur la couronne numérique.

Appuyez deux fois sur la couronne numérique pour ouvrir le sélecteur d'applications. Le sélecteur d'applications est un écran qui affiche les applications que vous avez récemment utilisées sur votre Apple Watch. Vous pouvez faire glisser votre doigt vers la gauche ou la droite pour voir les applications et appuyer sur celle que vous souhaitez ouvrir. Vous pouvez également faire glisser votre doigt vers le haut sur une application pour la fermer.

Appuyez et maintenez la couronne numérique pour utiliser Siri. Siri est un assistant vocal qui peut vous aider dans diverses tâches, telles que définir des rappels, envoyer des messages, écouter de la musique, etc. Vous pouvez poser des questions à Siri ou donner des commandes en parlant à votre Apple Watch. Vous pouvez également voir le texte de ce que vous avez dit et de ce que Siri a répondu à l'écran.

Tournez la couronne numérique pour zoomer, faire défiler ou ajuster ce qui est à l'écran. Vous pouvez utiliser la Digital Crown pour zoomer ou dézoomer sur des photos, des cartes ou la grille de l'application. Vous pouvez également l'utiliser pour faire défiler vers le haut ou vers le bas des listes, des menus ou des pages Web. Vous pouvez également l'utiliser pour régler le volume, la luminosité ou d'autres paramètres de votre Apple Watch.

Tournez la couronne numérique lorsque vous êtes sur le cadran de la montre pour utiliser la Smart Stack. La Smart Stack est une fonctionnalité qui vous montre des informations pertinentes provenant de différentes applications sur le cadran de votre montre. Vous pouvez voir les informations en tournant lentement la couronne numérique. Vous pouvez également appuyer sur les informations pour ouvrir l'application qui les fournit.

Appuyez et maintenez la Digital Crown pour déverrouiller l'écran après un entraînement aquatique. Si vous utilisez votre Apple Watch pour nager ou d'autres activités nautiques, vous pouvez activer la fonction Water Lock pour éviter tout contact accidentel sur l'écran. Pour désactiver la fonction Water Lock, vous devez appuyer et maintenir la couronne numérique jusqu'à ce que vous voyiez un cercle bleu sur l'écran. Ensuite, vous devez tourner la Digital Crown jusqu'à ce que le cercle se remplisse et que vous entendiez un son. Cela déverrouillera l'écran et éjectera l'eau du haut-parleur.

## Comment utiliser le bouton latéral

Le bouton latéral est situé sur le côté droit de votre Apple Watch, sous la couronne numérique. Vous pouvez utiliser le bouton latéral pour effectuer les opérations suivantes :

Appuyez une fois sur le bouton latéral pour afficher ou masquer le centre de contrôle. Le Centre de contrôle est un écran qui affiche les paramètres rapides et les raccourcis, tels que le mode avion, Ne pas déranger, la batterie, la lampe de poche, etc.

Vous pouvez basculer ou ajuster les paramètres en appuyant ou en faisant glisser les icônes. Vous pouvez également faire glisser votre doigt vers la gauche pour voir plus d'icônes, telles que la carte d'identité médicale, le talkie-walkie et le bruit.

Appuyez et maintenez le bouton latéral pour utiliser le SOS d'urgence. Emergency SOS est une fonctionnalité qui vous permet d'appeler les services d'urgence locaux et d'avertir vos contacts d'urgence en cas d'urgence. Vous pouvez activer cette fonctionnalité en appuyant longuement sur le bouton latéral jusqu'à ce qu'un compte à rebours s'affiche à l'écran. Ensuite, vous devez attendre la fin du compte à rebours ou faire glisser le curseur SOS pour passer l'appel. Vous pouvez également annuler l'appel en appuyant sur le bouton X ou en appuyant sur la couronne numérique.

Double-cliquez sur le bouton latéral pour utiliser Apple Pay. Apple Pay est une fonctionnalité qui vous permet de payer avec votre Apple Watch sur des terminaux compatibles. Vous pouvez utiliser cette fonctionnalité en double-cliquant sur le bouton latéral et en maintenant votre Apple Watch près du terminal. Vous sentirez un léger tapotement et entendrez un bip lorsque le paiement sera réussi. Vous pouvez également faire glisser votre doigt vers la gauche ou la droite pour basculer entre différentes cartes, ou appuyer sur le bouton... pour voir plus d'options, telles que l'historique des transactions, l'adresse de facturation ou la limite sans contact.

Appuyez et maintenez le bouton latéral pour allumer ou éteindre votre Apple Watch. Vous pouvez allumer ou éteindre votre Apple Watch en appuyant longuement sur le bouton latéral jusqu'à ce qu'un menu s'affiche à l'écran. Ensuite, vous pouvez faire glisser le curseur Éteindre pour éteindre votre Apple Watch, ou faire glisser le curseur Marche pour allumer votre Apple Watch. Vous pouvez également faire glisser le curseur Verrouiller l'appareil pour verrouiller votre Apple Watch avec un mot de passe.

Si vous disposez d'une Apple Watch Ultra ou d'une version ultérieure, vous pouvez personnaliser le bouton d'action pour accéder rapidement à vos fonctionnalités préférées. Le bouton Action est un petit bouton situé sur le côté gauche de votre Apple Watch, en face de la Digital Crown et du bouton latéral. Vous pouvez attribuer différentes actions au bouton Action, comme prendre une capture d'écran, démarrer un entraînement ou lancer une application. Vous pouvez personnaliser le bouton Action depuis l'application Paramètres sur votre Apple Watch ou depuis l'application Watch sur votre iPhone.

**Trucs et astuces pour la couronne numérique et le bouton latéral**

Voici quelques trucs et astuces pour tirer le meilleur parti de la Digital Crown et du bouton latéral de votre Apple Watch Series 7 :

Vous pouvez modifier l'orientation de la Digital Crown et du bouton latéral selon vos préférences. Par exemple, si vous portez votre Apple Watch à votre poignet droit, vous souhaiterez peut-être avoir les boutons sur le côté gauche. Vous pouvez modifier l'orientation depuis l'application Paramètres sur votre Apple Watch ou depuis l'application Watch sur votre iPhone. Appuyez sur Général, puis sur Orientation de la montre et sélectionnez le poignet et le côté souhaités.

Vous pouvez modifier le sens de défilement de la Digital Crown en fonction de vos préférences. Par exemple, si vous avez l'habitude de faire défiler vers le bas pour voir plus de contenu, vous souhaiterez peut-être tourner la couronne numérique dans le sens inverse des aiguilles d'une montre pour faire défiler vers le bas. Vous pouvez modifier le sens de défilement depuis l'application Paramètres sur votre Apple Watch ou depuis l'application Watch sur votre iPhone. Appuyez sur Accessibilité, puis sur Digital Crown et activez le commutateur Inverser la direction de la couronne.

Vous pouvez utiliser la Digital Crown pour contrôler le volume de votre haut-parleur ou de vos écouteurs Apple Watch. Par exemple, si vous écoutez de la musique ou un podcast sur votre Apple Watch, vous pouvez tourner la Digital Crown pour régler le volume. Vous pouvez activer cette fonctionnalité depuis l'application Paramètres sur votre Apple Watch ou depuis l'application Watch sur votre iPhone. Appuyez sur Sons et haptiques, puis activez le commutateur Utiliser la couronne numérique pour modifier le volume.

Vous pouvez utiliser le bouton latéral pour accéder rapidement à vos contacts ou applications préférés. Par exemple, si vous souhaitez appeler ou envoyer un message à quelqu'un, vous pouvez appuyer sur le bouton latéral et balayer vers la gauche pour voir vos contacts favoris. Vous pouvez également appuyer sur le bouton latéral et balayer vers la droite pour voir vos applications préférées. Vous pouvez ajouter, supprimer ou réorganiser vos contacts ou applications préférés à partir de l'application Watch sur votre iPhone. Appuyez sur Ma montre, puis sur Dock et sélectionnez Contacts ou Favoris. Ensuite, appuyez sur Modifier et apportez les modifications souhaitées.

Vous pouvez utiliser la couronne numérique et le bouton latéral ensemble pour effectuer certaines actions spéciales. Par exemple, vous pouvez maintenir enfoncés les deux boutons pour forcer le redémarrage de votre Apple Watch si elle est gelée ou ne répond pas. Vous pouvez également appuyer et relâcher les deux boutons pour prendre une capture d'écran de l'écran de votre Apple Watch. Vous pouvez activer ou désactiver la fonction de capture d'écran depuis l'application Paramètres sur votre Apple Watch ou depuis l'application Watch sur votre iPhone. Appuyez sur Général, puis activez le commutateur Activer les captures d'écran.

**comment faire des gestes et glisser dans Apple Watch Series 7**

L'Apple Watch Series 7 dispose d'un écran tactile que vous pouvez utiliser pour interagir avec l'appareil. Vous pouvez utiliser divers gestes et mouvements de balayage pour naviguer dans l'interface de la montre, lancer des applications, contrôler les paramètres, etc.

Dans ce chapitre, vous apprendrez à utiliser les gestes et le balayage sur votre Apple Watch Series 7.

Vous découvrirez également quelques trucs et astuces pour tirer le meilleur parti de l'écran tactile.

## Comment utiliser les gestes

Les gestes sont les moyens de base pour interagir avec l'écran tactile de votre Apple Watch. Vous pouvez utiliser les gestes suivants pour effectuer différentes actions :

**Robinet**: Touchez légèrement un doigt sur l'écran. Vous pouvez utiliser ce geste pour sélectionner un élément, ouvrir une application, confirmer un paramètre ou activer une fonctionnalité.

**Traîner**: Déplacez un doigt sur l'écran sans le soulever. Vous pouvez utiliser ce geste pour déplacer un élément, réorganiser la grille de l'application ou faire défiler une liste ou un menu.

**Glisser**: Déplacez rapidement un doigt sur l'écran et soulevez-le. Vous pouvez utiliser ce geste pour basculer entre les cadrans de montre, accéder au centre de contrôle ou au centre de notification, ou revenir à l'écran précédent.

**Presse**: Appuyez fermement un doigt sur l'écran et relâchez. Vous pouvez utiliser ce geste pour accéder à des options supplémentaires, telles que la personnalisation du cadran de la montre, la modification du dock ou la suppression d'un message.

**Pincer**: Touchez deux doigts sur l'écran et rapprochez-les ou éloignez-les. Vous pouvez utiliser ce geste pour zoomer ou dézoomer sur des photos, des cartes ou la grille de l'application.

**Tourner**: Touchez deux doigts sur l'écran et déplacez-les dans un mouvement circulaire. Vous pouvez utiliser ce geste pour faire pivoter des photos ou des cartes.

## Comment utiliser le balayage

Le balayage est un type spécifique de geste qui consiste à déplacer rapidement un doigt sur l'écran et à le soulever. Vous pouvez utiliser le balayage pour accéder à différentes fonctionnalités et fonctions de votre Apple Watch, selon la direction et le contexte. Voici quelques exemples d'utilisation du balayage sur votre Apple Watch :

Faites glisser votre doigt vers la gauche ou la droite sur le cadran de la montre pour basculer entre les différents cadrans que vous avez ajoutés à votre collection. Vous pouvez également utiliser la Digital Crown pour faire défiler les cadrans de votre montre.

Faites glisser votre doigt depuis le bas de l'écran pour accéder au centre de contrôle. Le centre de contrôle est un écran qui affiche les paramètres rapides et les raccourcis, tels que le mode avion, Ne pas déranger, la batterie, la lampe de poche, etc. Vous pouvez basculer ou ajuster les paramètres en appuyant ou en faisant glisser les icônes. Vous pouvez également faire glisser votre doigt vers la gauche pour voir plus d'icônes, telles que la carte d'identité médicale, le talkie-walkie et le bruit.

Faites glisser votre doigt depuis le haut de l'écran pour accéder au centre de notification. Le centre de notifications est un écran qui affiche vos notifications provenant de diverses applications, telles que des messages, des appels, des rappels, etc. Vous pouvez afficher, ignorer ou répondre aux notifications en les appuyant ou en les faisant glisser.

Faites glisser votre doigt vers la gauche ou la droite sur une notification pour voir plus d'options, telles que effacer, répondre ou ouvrir. Vous pouvez également faire glisser votre doigt vers le haut sur une notification pour la rejeter, ou vers le bas sur une notification pour la développer.

Faites glisser votre doigt vers la gauche ou la droite sur un message ou un e-mail pour afficher plus d'options, telles que supprimer, marquer ou marquer comme non lu. Vous pouvez également faire glisser votre doigt vers le haut sur un message ou un e-mail pour faire défiler le contenu, ou faire glisser votre doigt vers le bas sur un message ou un e-mail pour voir l'expéditeur et l'objet.

Faites glisser votre doigt vers la gauche ou la droite sur une photo ou une carte pour voir l'élément suivant ou précédent. Vous pouvez également faire glisser votre doigt vers le haut ou vers le bas sur une photo ou une carte pour voir plus d'informations, telles que le lieu, la date ou l'album.

Faites glisser votre doigt vers la gauche ou la droite sur le dock pour voir vos applications préférées ou récentes. Le dock est un écran qui affiche les applications que vous avez ajoutées ou utilisées sur votre Apple Watch. Vous pouvez lancer une application en appuyant sur son icône ou en faisant glisser votre doigt vers le haut pour la fermer. Vous pouvez également appuyer et maintenir l'écran pour modifier le dock.

**Trucs et astuces pour les gestes et le balayage**
**Voici quelques trucs et astuces pour tirer le meilleur parti des gestes et du balayage sur votre Apple Watch Series 7 :**
Vous pouvez régler la sensibilité et la réactivité de l'écran tactile depuis l'application Paramètres sur votre Apple Watch ou depuis l'application Watch sur

votre iPhone. Appuyez sur Général, puis sur Accessibilité, puis sur Hébergement. Vous pouvez activer ou désactiver les options Durée de maintien, Ignorer la répétition et Assistance au toucher. Vous pouvez également ajuster les curseurs de chaque option en fonction de vos préférences.

Vous pouvez utiliser la fonction Raise to Wake pour allumer l'écran de votre Apple Watch lorsque vous levez le poignet. Pour activer ou désactiver cette fonctionnalité, ouvrez l'application Paramètres sur votre Apple Watch, appuyez sur Affichage et luminosité et activez le commutateur Raise to Wake. Vous pouvez également le faire depuis l'application Watch sur votre iPhone.

Vous pouvez utiliser la fonction Cover to Mute pour faire taire un appel entrant ou une alarme en couvrant l'écran de votre Apple Watch avec votre paume. Pour activer ou désactiver cette fonctionnalité, ouvrez l'application Paramètres sur votre Apple Watch, appuyez sur Sons et haptiques et basculez le commutateur Cover sur Mute. Vous pouvez également le faire depuis l'application Watch sur votre iPhone.

Vous pouvez utiliser la fonction Tap to Speak Time pour entendre l'heure prononcée à haute voix en appuyant sur l'écran de votre Apple Watch avec deux doigts. Pour activer ou désactiver cette fonctionnalité, ouvrez l'application Paramètres sur votre Apple Watch, appuyez sur Horloge et activez le commutateur Speak Time. Vous pouvez également le faire depuis l'application Watch sur votre iPhone.

Vous pouvez utiliser la fonction Gestes de la main pour contrôler votre Apple Watch avec des gestes de la main, comme pincer ou serrer les doigts. Vous pouvez utiliser cette fonctionnalité pour effectuer des actions telles que toucher, faire défiler ou ouvrir le menu d'action. Pour activer ou désactiver cette fonctionnalité, ouvrez l'application Paramètres sur votre Apple Watch, appuyez sur Accessibilité et activez le commutateur Gestes de la main. Vous pouvez également le faire depuis l'application Watch sur votre iPhone.

# Caractéristiques et fonctions essentielles

## Notifications et alertes

Les notifications et les alertes permettent à votre Apple Watch Series 7 de vous informer d'informations importantes ou intéressantes provenant de diverses applications et services. Vous pouvez recevoir des notifications et des alertes pour les messages, les appels, les e-mails, les rappels, les actualités, la météo et bien plus encore. Vous pouvez également personnaliser quand et comment vous recevez des notifications et des alertes sur votre Apple Watch, afin de pouvoir répondre immédiatement ou vérifier à votre convenance.

Dans ce chapitre, vous apprendrez à utiliser les notifications et alertes sur votre Apple Watch Series

7. Vous découvrirez également quelques trucs et astuces pour en tirer le meilleur parti.


**Comment fonctionnent les notifications et les alertes**

Les notifications et alertes fonctionnent différemment selon que votre iPhone est déverrouillé ou verrouillé et selon que votre Apple Watch est active ou inactive.

Si votre iPhone est déverrouillé, vous recevez des notifications et des alertes sur votre iPhone au lieu de votre Apple Watch. En effet, votre iPhone est considéré comme votre appareil principal lorsqu'il est déverrouillé.

Si votre iPhone est verrouillé ou en veille, vous recevez des notifications et des alertes sur votre Apple Watch, sauf si votre Apple Watch est verrouillée avec un mot de passe. En effet, votre

Apple Watch est considérée comme votre appareil principal lorsque votre iPhone est verrouillé ou en veille.

Si votre Apple Watch est active, c'est-à-dire que l'écran est allumé et que vous l'utilisez, les notifications et alertes apparaissent sous forme de bannières en haut de l'écran. Vous pouvez appuyer sur la bannière pour voir plus d'options ou faire glisser votre doigt vers le bas pour la masquer.

Si votre Apple Watch est inactive, ce qui signifie que l'écran est éteint ou grisé, les notifications et les alertes apparaissent sous forme de notifications en plein écran. Vous pouvez appuyer sur la notification pour voir plus d'options, ou appuyer sur la couronne numérique ou sur le bouton latéral pour la rejeter.

Lorsque vous recevez une notification ou une alerte, votre Apple Watch peut également émettre un son, vibrer ou toucher votre poignet. Vous pouvez ajuster ces paramètres depuis l'application Watch sur votre iPhone ou depuis l'application Paramètres sur votre Apple Watch.

Certaines applications, telles que l'application Noise, sont uniquement disponibles sur votre Apple Watch. Les notifications et alertes pour ces applications n'apparaissent pas sur votre iPhone.

Lorsque vous lisez ou ignorez des notifications et des alertes sur votre Apple Watch, elles sont également supprimées de votre iPhone.

**Comment afficher et interagir avec les notifications et les alertes**

Lorsque vous recevez une notification ou une alerte, vous pouvez la visualiser et interagir avec elle de différentes manières, en fonction de l'application qui l'a envoyée et du type d'informations qu'elle contient. Voici quelques exemples de la manière d'afficher et d'interagir avec les notifications et les alertes sur votre Apple Watch :

Pour afficher une notification ou une alerte, vous pouvez lever votre poignet, appuyer sur l'écran ou appuyer sur la couronne numérique ou sur le bouton latéral. Vous verrez la notification ou l'alerte sur l'écran, ainsi que quelques options pour interagir avec elle.

Pour interagir avec une notification ou une alerte, vous pouvez appuyer sur l'écran, faire glisser l'écran ou appuyer sur la couronne numérique ou sur le bouton latéral. Selon l'application et le type d'informations, vous pouvez effectuer des opérations telles que répondre à un message, rappeler quelqu'un, archiver un e-mail, répéter un rappel, etc.

Pour voir toutes vos notifications et alertes non lues, vous pouvez toucher et maintenir le haut du cadran de la montre pour ouvrir le Centre de notifications. Vous pouvez le faire depuis n'importe quel écran. Vous pouvez ensuite faire glisser votre doigt vers le bas ou tourner la Digital Crown pour faire défiler les notifications et les alertes. Vous pouvez appuyer sur une notification ou une alerte pour la lire ou interagir avec elle. Pour lire des notifications groupées, appuyez sur une pile, puis appuyez sur une notification.

Pour supprimer une notification ou une alerte, vous pouvez faire glisser votre doigt dessus vers la gauche, puis appuyer sur le bouton Supprimer. Vous pouvez également faire glisser votre doigt vers le haut sur une notification ou une alerte pour la ignorer, ou faire glisser votre doigt vers le bas sur une notification ou une alerte pour la développer.

**Comment personnaliser les notifications et les alertes**

Vous pouvez personnaliser les notifications et les alertes sur votre Apple Watch en fonction de vos préférences et de vos besoins. Vous pouvez choisir quelles applications peuvent vous envoyer des notifications et des alertes, comment elles apparaissent sur votre écran et comment elles sonnent ou vibrent. Vous pouvez également désactiver ou désactiver les notifications et les alertes pour des applications spécifiques ou pour toutes les applications.

Pour personnaliser les notifications et les alertes, vous pouvez utiliser soit l'application Watch sur votre iPhone, soit l'application Paramètres sur votre Apple Watch. Voici les étapes pour les deux méthodes :

Depuis l'application Watch sur votre iPhone :

Ouvrez l'application Watch sur votre iPhone et appuyez sur l'onglet Ma montre en bas.

Appuyez sur Notifications pour voir la liste des applications pouvant vous envoyer des notifications et des alertes.

Appuyez sur une application pour voir ses options. Vous pouvez choisir parmi les options suivantes :

**Mettre en miroir mon iPhone**: les paramètres de notification et d'alerte de l'application sur votre Apple Watch correspondent aux paramètres de votre iPhone. Il s'agit de l'option par défaut pour la plupart des applications.

**Autoriser les notifications :** L'application affiche des notifications et des alertes dans le Centre de notifications et votre Apple Watch vous avertit. Vous pouvez également activer ou désactiver les options Son et Haptique.

**Envoyer au centre de notifications**: Les notifications et alertes sont envoyées directement au Centre de notifications sans que votre Apple Watch vous en avertisse. Vous pouvez toujours les voir en ouvrant le Centre de notifications.

**Notifications de**f : L'application n'envoie aucune notification ni alerte.

Certaines applications vous permettent de choisir le type spécifique de notifications et d'alertes que vous recevez. Par exemple, pour Calendrier, vous pouvez autoriser les notifications et les alertes uniquement pour certains calendriers ou pour des actions spécifiques, comme lorsque vous recevez une invitation ou que quelqu'un modifie un calendrier partagé. Pour Mail, vous pouvez choisir quels comptes de messagerie sont autorisés à envoyer des notifications et des alertes.

**Depuis l'application Paramètres sur votre Apple Watch :**

Ouvrez l'application Paramètres sur votre Apple Watch et appuyez sur Notifications.

Appuyez sur une application pour voir ses options. Vous pouvez choisir parmi les options suivantes :

**Mettre en miroir mon iPhone**: les paramètres de notification et d'alerte de l'application sur votre Apple Watch correspondent aux paramètres de votre iPhone. Il s'agit de l'option par défaut pour la plupart des applications.

**Coutume**: vous pouvez personnaliser les paramètres de notification et d'alerte de l'application sur votre

Apple Watch. Vous pouvez choisir parmi les options suivantes :

**Autoriser les notifications**: L'application affiche des notifications et des alertes dans le Centre de notifications et votre Apple Watch vous avertit. Vous pouvez également activer ou désactiver les options Son et Haptique.

**Envoyer au centre de notifications :**Les notifications et alertes sont envoyées directement au Centre de notifications sans que votre Apple Watch vous en avertisse. Vous pouvez toujours les voir en ouvrant le Centre de notifications.

**Notifications désactivées : l'application n'envoie aucune notification ni alerte.**
Certaines applications vous permettent de choisir le type spécifique de notifications et d'alertes que vous recevez. Par exemple, pour Calendrier, vous pouvez

autoriser les notifications et les alertes uniquement pour certains calendriers ou pour des actions spécifiques, comme lorsque vous recevez une invitation ou que quelqu'un modifie un calendrier partagé. Pour Mail, vous pouvez choisir quels comptes de messagerie sont autorisés à envoyer des notifications et des alertes.

Trucs et astuces pour les notifications et les alertes
Voici quelques trucs et astuces pour tirer le meilleur parti des notifications et alertes sur votre Apple Watch Series 7 :
Vous pouvez désactiver ou désactiver toutes les notifications et alertes sur votre Apple Watch en activant le mode Ne pas déranger. Pour activer ou désactiver le mode Ne pas déranger, faites glisser votre doigt depuis le bas de l'écran pour ouvrir le Centre de contrôle, puis appuyez sur l'icône du croissant de lune. Vous pouvez également le faire depuis l'application Watch sur votre iPhone ou

depuis l'application Paramètres sur votre Apple Watch. Vous pouvez également programmer le mode Ne pas déranger pour qu'il s'active et se désactive automatiquement à certaines heures ou à certains endroits.

Vous pouvez désactiver ou désactiver les notifications et les alertes d'une application spécifique sur votre Apple Watch en faisant glisser vers la gauche une notification ou une alerte de cette application, puis en appuyant sur le bouton Plus. Vous pouvez choisir parmi les options suivantes :

**Muet pour aujourd'hui**: Pour le reste de la journée, les notifications et alertes de l'application sont envoyées directement au Centre de notifications sans que votre Apple Watch ne vous en avertisse. Pour voir et entendre à nouveau ces notifications et alertes, balayez vers la gauche sur une notification ou une alerte, appuyez sur le bouton Plus, puis appuyez sur Activer le son.

**Ajouter au résumé :**Les futures notifications et alertes de l'application apparaissent dans le résumé des notifications sur votre iPhone. Pour que l'application vous avertisse à nouveau immédiatement, ouvrez l'application Paramètres sur votre iPhone, appuyez sur Notifications, appuyez sur l'application, puis appuyez sur Livraison immédiate.

**Désactivez la sensibilité temporelle :** Les notifications et alertes urgentes sont toujours envoyées immédiatement, même si vous utilisez un Focus qui retarde la plupart des notifications et alertes. Cependant, si vous souhaitez empêcher cette application de fournir immédiatement des notifications et des alertes, même urgentes, appuyez sur cette option.

**Éteindre**: L'application n'envoie aucune notification ni alerte. Pour réactiver les notifications et les alertes de l'application, ouvrez l'application Watch sur votre iPhone, appuyez sur Ma montre, appuyez sur Notifications, appuyez sur l'application que vous souhaitez ajuster, puis appuyez sur Autoriser les notifications.

Vous pouvez afficher ou masquer les notifications et les alertes sur l'écran de verrouillage de votre Apple Watch. Pour ce faire, ouvrez l'application Paramètres sur votre Apple Watch, appuyez sur Notifications, puis choisissez parmi les options suivantes :

**Afficher toujours un aperçu court :** Les notifications et les alertes apparaissent sur l'écran de verrouillage sous forme de brefs aperçus, qui affichent uniquement le nom et l'icône de l'application. Vous pouvez appuyer sur l'écran pour voir plus de détails, ou faire glisser votre doigt vers le bas pour ignorer la notification ou l'alerte.

**Montrer un long entretien après de courtes toilettes**k : Les notifications et les alertes apparaissent sur l'écran de verrouillage sous forme d'apparences courtes, puis se développent automatiquement en apparences longues, qui affichent plus de détails et d'options. Vous pouvez faire glisser votre doigt vers le bas pour ignorer la notification ou l'alerte, ou vers le haut pour voir plus d'options.

**Afficher uniquement l'aperçu long**: Les notifications et les alertes apparaissent sur l'écran de verrouillage sous forme de longs regards, qui affichent plus de détails et d'options. Vous pouvez faire glisser votre doigt vers le bas pour ignorer la notification ou l'alerte, ou vers le haut pour voir plus d'options.

**Masquer les notifications sensibles :** Les notifications et alertes des applications que vous marquez comme sensibles n'apparaissent pas sur l'écran de verrouillage. Vous ne pouvez les voir qu'en déverrouillant votre Apple Watch. Pour marquer une application comme sensible, ouvrez l'application Watch sur votre iPhone, appuyez sur Ma montre, appuyez sur Notifications, appuyez sur l'application, puis activez le commutateur Sensible.

# Envoi et réception de messages

L'Apple Watch Series 7 vous permet d'envoyer et de recevoir des messages depuis votre poignet, sans avoir besoin de votre iPhone. Vous pouvez utiliser l'application Messages pour communiquer avec vos contacts à l'aide de texte, d'emoji, d'audio ou de contact numérique. Vous pouvez également utiliser Siri pour dicter ou envoyer des messages avec votre voix.

Dans ce chapitre, vous apprendrez comment envoyer et recevoir des messages sur votre Apple Watch Series 7. Vous découvrirez également quelques trucs et astuces pour tirer le meilleur parti de vos messages.

**Comment envoyer un message**

Vous pouvez envoyer un message depuis votre Apple Watch de différentes manières, selon le contact ou le contenu que vous souhaitez envoyer. Vous pouvez utiliser l'application Messages, l'application Contacts, Siri ou les listes Favoris ou Récents. Voici les étapes pour chaque méthode :

**Depuis l'application Messages :**
Ouvrez l'application Messages sur votre Apple Watch en appuyant sur son icône sur la grille des applications ou sur le dock.

Pour démarrer une nouvelle conversation, appuyez fermement sur l'écran, puis appuyez sur Nouveau message. Pour continuer une conversation existante, appuyez sur celle que vous souhaitez dans la liste.

Pour ajouter un contact, appuyez sur le bouton Ajouter un contact. Cela ressemble à la silhouette d'une personne avec un symbole plus (+) à côté. Ensuite, tournez la Digital Crown pour faire défiler vos contacts, ou appuyez sur l'icône de recherche pour rechercher un contact par son nom ou son numéro. Appuyez sur le contact que vous souhaitez ajouter, puis appuyez sur le numéro de téléphone ou l'identifiant Apple que vous souhaitez utiliser.

Pour créer un message, appuyez sur le bouton Créer un message. Cela ressemble à une bulle contenant trois points. Ensuite, choisissez l'une des options suivantes :

**Réponses par défaut**: Appuyez sur l'une des réponses prédéfinies, telles que « OK » ou « Ça a l'air bien ». Vous pouvez également personnaliser les réponses par défaut depuis l'application Watch sur votre iPhone. Appuyez sur Ma montre, puis sur Messages, puis sur Réponses par défaut.

**Émoji :** Appuyez sur le bouton emoji. Cela ressemble à un visage souriant. Ensuite, faites glisser votre doigt vers la gauche ou la droite pour choisir entre un emoji animé, un emoji standard ou une touche numérique. Appuyez sur l'emoji que vous souhaitez envoyer ou dessinez votre propre touche numérique. Vous pouvez également personnaliser les emoji animés en tournant la couronne numérique ou en appuyant sur l'écran.

**Dicter un texte**: appuyez sur le bouton du microphone. Cela ressemble à un microphone. Ensuite, exprimez clairement votre message. Vous pouvez également appuyer sur le bouton de langue pour modifier la langue de la dictée. Lorsque vous avez terminé, appuyez sur Terminé. Vous pouvez choisir d'envoyer votre message sous forme audio ou texte en appuyant sur le bouton correspondant.

**Griffonner**: appuyez sur le bouton de gribouillage. Cela ressemble à une ligne ondulée. Ensuite, écrivez votre message avec votre doigt. Vous pouvez également appuyer sur le bouton Espace pour ajouter un espace ou appuyer sur le bouton

Supprimer pour effacer un caractère. Vous pouvez également appuyer sur le bouton de langue pour modifier la langue de gribouillage. Lorsque vous avez terminé, appuyez sur Envoyer.

**Clavier**: appuyez sur le bouton du clavier. Cela ressemble à un clavier. Ensuite, tapez votre message à l'aide du clavier QWERTY ou QuickPath. Vous pouvez également appuyer sur le bouton emoji pour passer aux emoji, ou appuyer sur le bouton du microphone pour passer à la dictée. Lorsque vous avez terminé, appuyez sur Envoyer. Remarque : le clavier n'est disponible que sur Apple Watch Series 7 et versions ultérieures, et pas dans toutes les langues.

Pour envoyer le message, appuyez sur le bouton d'envoi. Cela ressemble à une flèche pointant vers le haut.

**Depuis l'application Contacts :**

Ouvrez l'application Contacts sur votre Apple Watch en appuyant sur son icône sur la grille des applications ou sur le dock.

Tournez la couronne numérique pour faire défiler vos contacts ou appuyez sur l'icône de recherche pour rechercher un contact par son nom ou son numéro. Appuyez sur le contact auquel vous souhaitez envoyer un message, puis appuyez sur le bouton Message. Cela ressemble à une bulle.

Choisissez le numéro de téléphone ou l'identifiant Apple que vous souhaitez utiliser, puis créez et envoyez votre message en suivant les mêmes étapes que ci-dessus.

**Depuis Siri :**

Appuyez et maintenez la Digital Crown, ou levez votre poignet et dites « Hey Siri » pour activer Siri sur votre Apple Watch.

Dites quelque chose comme « Envoyer un message à Max », « Dites à Lisa que je suis en route » ou « Envoyer un visage souriant à Pete ». Vous pouvez également spécifier le numéro de téléphone ou l'identifiant Apple que vous souhaitez utiliser, ou le type de message que vous souhaitez envoyer, comme du texte, de l'audio ou des emoji.

Attendez que Siri confirme votre message, puis dites « Oui » pour l'envoyer ou « Non » pour l'annuler. Vous pouvez également appuyer sur le bouton d'envoi ou sur le bouton d'annulation sur l'écran.

**Dans les listes Favoris ou Récents :**
Appuyez sur le bouton latéral de votre Apple Watch pour ouvrir le dock.

Faites glisser votre doigt vers la gauche ou la droite pour voir vos contacts favoris ou récents, puis appuyez sur celui auquel vous souhaitez envoyer un message. Appuyez sur le bouton de message, puis choisissez le numéro de téléphone ou l'identifiant Apple que vous souhaitez utiliser.

Créez et envoyez votre message en suivant les mêmes étapes que ci-dessus

## Comment recevoir un message

Lorsque vous recevez un message sur votre Apple Watch, vous verrez une notification à l'écran, ainsi que quelques options pour lire ou répondre au message. Vous entendrez également un son, ressentirez un tapotement ou verrez un badge, selon vos paramètres. Voici les étapes pour recevoir un message sur votre Apple Watch :

Pour lire le message, levez votre poignet, appuyez sur l'écran ou appuyez sur la couronne numérique ou sur le bouton latéral. Vous verrez le message à l'écran, ainsi que le nom, le numéro ou la photo de l'expéditeur. Tournez la couronne numérique pour faire défiler le message ou appuyez sur le haut de l'écran pour accéder au haut du message.

Pour répondre au message, faites défiler vers le bas du message, puis appuyez sur Répondre. Ensuite, choisissez l'une des options suivantes :

Réponses par défaut : appuyez sur l'une des réponses prédéfinies, telles que "OK" ou "Ça a l'air bien". Vous pouvez également personnaliser les réponses par défaut depuis l'application Watch sur votre iPhone. Appuyez sur Ma montre, puis sur Messages, puis sur Réponses par défaut.

Emoji : appuyez sur le bouton Emoji. Cela ressemble à un visage souriant. Ensuite, faites glisser votre doigt vers la gauche ou la droite pour choisir entre un emoji animé, un emoji standard ou une touche numérique. Appuyez sur l'emoji que vous souhaitez envoyer ou dessinez votre propre touche numérique. Vous pouvez également personnaliser les emoji animés en tournant la couronne numérique ou en appuyant sur l'écran.

Dicter du texte : appuyez sur le bouton du microphone. Cela ressemble à un microphone. Ensuite, exprimez clairement votre message. Vous pouvez également appuyer sur le bouton de langue pour modifier la langue de la dictée. Lorsque vous avez terminé, appuyez sur Terminé. Vous pouvez choisir d'envoyer votre message sous forme audio ou texte en appuyant sur le bouton correspondant.

**Griffonner**: appuyez sur le bouton de gribouillage. Cela ressemble à une ligne ondulée. Ensuite, écrivez votre message avec votre doigt. Vous pouvez également appuyer sur le bouton Espace pour ajouter un espace ou appuyer sur le bouton Supprimer pour effacer un caractère. Vous pouvez également appuyer sur le bouton de langue pour modifier la langue du gribouillage. Lorsque vous avez terminé, appuyez sur Envoyer.

**Clavier:** Appuyez sur le bouton du clavier. Cela ressemble à un clavier. Ensuite, tapez votre message à l'aide du clavier QWERTY ou QuickPath. Vous pouvez également appuyer sur le bouton emoji pour passer aux emoji, ou appuyer sur le bouton du microphone pour passer à la dictée. Lorsque vous avez terminé, appuyez sur Envoyer. Remarque : le clavier n'est disponible que sur Apple Watch Series 7 et versions ultérieures, et pas dans toutes les langues.

Pour envoyer le message, appuyez sur le bouton d'envoi. Cela ressemble à une flèche pointant vers le haut.

Pour ignorer le message, faites glisser votre doigt sur l'écran vers le bas ou appuyez sur la couronne numérique ou sur le bouton latéral. Vous pouvez également marquer le message comme lu en faisant défiler vers le bas du message, puis en appuyant sur Ignorer.

**Comment gérer les messages**

Vous pouvez gérer vos messages sur votre Apple Watch à l'aide de diverses fonctionnalités et paramètres, tels que couper le son, supprimer ou bloquer. Vous pouvez également accéder à d'autres applications ou fonctions sur votre Apple Watch, sans quitter l'application Messages. Voici les étapes pour gérer les messages sur votre Apple Watch :

Pour désactiver une conversation, balayez la conversation vers la gauche dans l'application Messages, puis appuyez sur le bouton Muet. Cela ressemble à une cloche avec une barre oblique. Vous ne recevrez pas de notifications ou d'alertes pour cette conversation, mais vous pourrez toujours voir les messages dans l'application Messages. Pour réactiver une conversation, faites glisser votre doigt vers la gauche sur la conversation dans l'application Messages, puis appuyez sur le bouton Réactiver le son. Cela ressemble à une cloche.

Pour supprimer une conversation, balayez vers la gauche sur la conversation dans l'application Messages, puis appuyez sur le bouton Supprimer. Cela ressemble à une poubelle. Vous supprimerez la conversation de votre Apple Watch, mais pas de votre iPhone ou d'autres appareils. Pour supprimer une conversation de tous vos appareils, ouvrez l'application Messages sur votre iPhone, balayez la conversation vers la gauche, puis appuyez sur Supprimer.

Pour bloquer un contact, ouvrez la conversation dans l'application Messages, puis appuyez fermement sur l'écran. Appuyez sur Détails, puis faites défiler vers le bas et appuyez sur Bloquer cet appelant. Vous ne recevrez pas de messages, d'appels ou de demandes FaceTime de ce contact, sauf si vous les débloquez. Pour débloquer un contact, ouvrez l'application Téléphone sur votre iPhone, appuyez sur Contacts, puis appuyez sur le contact que vous souhaitez débloquer. Faites défiler vers le bas et appuyez sur Débloquer cet appelant.

Pour accéder à d'autres applications ou fonctions sur votre Apple Watch, appuyez sur la couronne numérique ou sur le bouton latéral de votre Apple Watch. Vous verrez la grille des applications, le dock, le cadran de la montre ou le centre de contrôle, en fonction du bouton sur lequel vous avez appuyé. Vous pouvez ensuite utiliser votre Apple Watch comme d'habitude, sans quitter l'application Messages. Pour revenir à l'application Messages, appuyez sur l'icône de message verte en haut de l'écran.

# Comment passer et recevoir des appels avec Siri sur Apple Watch Series 7

Siri est un assistant vocal qui peut vous aider dans diverses tâches et obtenir des réponses directement sur votre Apple Watch Series 7. Vous pouvez utiliser Siri pour passer et recevoir des appels téléphoniques ou des appels audio FaceTime, sans avoir besoin de votre iPhone ou de l'application Téléphone. Vous pouvez également utiliser Siri pour gérer vos appels, comme couper le son, mettre en attente, transférer ou fusionner.

Dans ce chapitre, vous apprendrez comment passer et recevoir des appels en utilisant Siri sur votre Apple Watch Series 7. Vous découvrirez également quelques trucs et astuces pour tirer le meilleur parti de Siri.

## Comment passer un appel avec Siri

Vous pouvez passer un appel en utilisant Siri sur votre Apple Watch de manière simple et pratique, en parlant simplement à votre poignet. Vous pouvez utiliser Siri pour appeler vos contacts, composer un numéro ou démarrer un appel audio FaceTime. Voici les étapes pour passer un appel en utilisant Siri sur votre Apple Watch :

## Pour activer Siri, effectuez l'une des opérations suivantes :

Levez votre poignet et parlez dans votre Apple Watch. Pour désactiver la fonction Raise To Speak, ouvrez l'application Paramètres sur votre Apple

Watch, appuyez sur Siri, puis désactivez Raise to Speak.

Dites « Hey Siri » ou simplement « Siri », suivi de votre demande. Pour désactiver « Demander à Siri », ouvrez l'application Paramètres sur votre Apple Watch, appuyez sur Siri, appuyez sur Écouter « Siri » ou « Hey Siri », puis choisissez Désactivé. Remarque : L'utilisation de « Siri » uniquement n'est pas disponible dans certaines langues et régions. Appuyez et maintenez la couronne numérique jusqu'à ce que vous voyiez l'indicateur d'écoute, puis énoncez votre demande. Pour désactiver la fonction Press Digital Crown, ouvrez l'application Paramètres sur votre Apple Watch, appuyez sur Siri, puis désactivez Press Digital Crown.

Pour passer un appel, dites quelque chose comme « Appeler Max », « Composez le 555 555 2949 » ou « Appelez Pete FaceTime audio ». Vous pouvez également spécifier le numéro de téléphone ou l'identifiant Apple que vous souhaitez utiliser, ou le type d'appel que vous souhaitez passer, comme du texte, de l'audio ou des emoji.

Pour confirmer ou annuler l'appel, dites « Oui » ou « Non » ou appuyez sur le bouton correspondant sur l'écran.

Pour régler le volume pendant l'appel, tournez la Digital Crown ou appuyez sur les boutons de volume situés sur le côté de votre Apple Watch.

**Comment recevoir un appel avec Siri**

Lorsque vous recevez un appel sur votre Apple Watch, vous pouvez utiliser Siri pour répondre ou refuser l'appel avec votre voix, sans toucher l'écran. Vous pouvez également utiliser Siri pour désactiver la sonnerie, envoyer un message texte ou définir un rappel. Voici les étapes pour recevoir un appel en utilisant Siri sur votre Apple Watch :

**Pour activer Siri, effectuez l'une des opérations suivantes**:

Levez votre poignet et parlez dans votre Apple Watch. Pour désactiver la fonction Raise To Speak, ouvrez l'application Paramètres sur votre Apple Watch, appuyez sur Siri, puis désactivez Raise to Speak.

Dites « Hey Siri » ou simplement « Siri », suivi de votre demande. Pour désactiver « Demander à Siri », ouvrez l'application Paramètres sur votre Apple Watch, appuyez sur Siri, appuyez sur Écouter « Siri » ou « Hey Siri », puis choisissez Désactivé. Remarque : L'utilisation de « Siri » uniquement n'est pas disponible dans certaines langues et régions.

Appuyez et maintenez la couronne numérique jusqu'à ce que vous voyiez l'indicateur d'écoute, puis énoncez votre demande. Pour désactiver la fonction Press Digital Crown, ouvrez l'application Paramètres sur votre Apple Watch, appuyez sur Siri, puis désactivez Press Digital Crown.

Pour répondre à l'appel, dites quelque chose comme « Répondre à l'appel », « Accepter l'appel » ou « Oui ». Vous pouvez également appuyer sur le bouton vert du téléphone sur l'écran ou appuyer sur la couronne numérique de votre Apple Watch.

Pour refuser l'appel, dites quelque chose comme « Refuser l'appel », « Rejeter l'appel » ou « Non ». Vous pouvez également appuyer sur le bouton rouge du téléphone sur l'écran ou appuyer sur le bouton latéral de votre Apple Watch.

Pour couper la sonnerie, dites quelque chose comme « Couper l'appel », « Mettre l'appel sous silence » ou « Chut ». Vous pouvez également couvrir l'écran de votre Apple Watch avec votre paume pendant trois secondes ou appuyer sur le bouton latéral de votre Apple Watch.

Pour envoyer un message texte, dites quelque chose comme « Envoyer un message à l'appelant », « Répondre avec un message » ou « Envoyer un SMS à l'appelant ». Vous pouvez également appuyer sur le bouton de message à l'écran, puis choisir une réponse prédéfinie ou dicter une réponse personnalisée.

Pour définir un rappel, dites quelque chose comme « Rappelez-moi de rappeler plus tard », « Définissez un rappel pour rappeler » ou « Rappelez-moi dans une heure ». Vous pouvez également appuyer sur le bouton de rappel sur l'écran, puis choisir une heure ou un lieu à rappeler.

Comment gérer un appel avec Siri

Lors d'un appel sur votre Apple Watch, vous pouvez utiliser Siri pour gérer votre appel avec votre voix, sans toucher l'écran. Vous pouvez utiliser Siri pour désactiver votre microphone, mettre l'appel en attente, transférer l'appel sur votre iPhone ou fusionner l'appel avec un autre appel. Voici les étapes pour gérer un appel à l'aide de Siri sur votre Apple Watch :

**Pour activer Siri, effectuez l'une des opérations suivantes :**

Levez votre poignet et parlez dans votre Apple Watch. Pour désactiver la fonction Raise To Speak, ouvrez l'application Paramètres sur votre Apple

Watch, appuyez sur Siri, puis désactivez Raise to Speak.

Dites « Hey Siri » ou simplement « Siri », suivi de votre demande. Pour désactiver « Demander à Siri », ouvrez l'application Paramètres sur votre Apple Watch, appuyez sur Siri, appuyez sur Écouter « Siri » ou « Hey Siri », puis choisissez Désactivé. Remarque : L'utilisation de « Siri » uniquement n'est pas disponible dans certaines langues et régions.

Appuyez et maintenez la couronne numérique jusqu'à ce que vous voyiez l'indicateur d'écoute, puis énoncez votre demande. Pour désactiver la fonction Press Digital Crown, ouvrez l'application Paramètres sur votre Apple Watch, appuyez sur Siri, puis désactivez Press Digital Crown.

Pour désactiver votre microphone, dites quelque chose comme « Couper l'appel », « Couper mon microphone » ou « Chut ». L'appelant ne vous entendra pas, mais vous l'entendrez quand même. Pour réactiver votre microphone, dites quelque chose comme « Activer l'appel », « Activer mon microphone » ou « Je suis de retour ». Vous pouvez également appuyer sur le bouton Muet sur l'écran.

Pour mettre l'appel en attente, dites quelque chose comme « Mettre l'appel en attente », « Mettre l'appel en attente » ou « Attendez une minute ». L'appelant entendra un bip ou une musique et vous ne les entendrez pas. Pour reprendre l'appel, dites quelque chose comme « Reprendre l'appel », « Reprendre l'appel » ou « Je suis de retour ». Vous pouvez également appuyer sur le bouton de maintien sur l'écran.

Pour transférer l'appel sur votre iPhone, dites quelque chose comme « Transférer l'appel vers mon iPhone », « Déplacer l'appel vers mon iPhone » ou «

Passer à mon iPhone ». Vous pouvez ensuite poursuivre l'appel sur votre iPhone ou utiliser le haut-parleur, les écouteurs ou d'autres appareils. Pour transférer l'appel vers votre Apple Watch, ouvrez l'application Téléphone sur votre iPhone, appuyez sur le bouton audio, puis choisissez votre Apple Watch.

Pour fusionner l'appel avec un autre appel, dites quelque chose comme « Fusionner les appels », « Rejoindre les appels » ou « Ajouter les appels ». Vous pourrez alors parler aux deux appelants en même temps. Pour mettre fin à l'appel fusionné, dites quelque chose comme « Mettre fin à l'appel », « Raccrocher » ou « Au revoir ». Vous pouvez également appuyer sur le bouton rouge du téléphone sur l'écran.

**Trucs et astuces pour les appels utilisant Siri**

**Voici quelques trucs et astuces pour tirer le meilleur parti de vos appels en utilisant Siri sur votre Apple Watch Series 7 :**

Vous pouvez passer et recevoir des appels via Wi-Fi, cellulaire ou Bluetooth, selon le modèle et les paramètres de votre Apple Watch. Si votre Apple Watch dispose d'une connexion cellulaire, vous pouvez l'utiliser pour passer et recevoir des appels même lorsque votre iPhone n'est pas à proximité ou est éteint. Si votre Apple Watch est connectée à un réseau Wi-Fi que votre iPhone a déjà utilisé, vous pouvez l'utiliser pour passer et recevoir des appels via Wi-Fi. Si votre Apple Watch est couplée à votre iPhone via Bluetooth, vous pouvez l'utiliser pour passer et recevoir des appels via Bluetooth. Pour vérifier ou modifier vos paramètres de connexion, faites glisser votre doigt depuis le bas de l'écran pour ouvrir le Centre de contrôle, puis appuyez sur les icônes Wi-Fi, cellulaire ou Bluetooth.

Vous pouvez passer et recevoir des appels d'urgence sur votre Apple Watch, même si vous ne disposez pas d'un forfait cellulaire ou d'une connexion Wi-Fi. Pour passer un appel d'urgence, maintenez enfoncé le bouton latéral de votre Apple Watch jusqu'à ce que le curseur SOS d'urgence apparaisse à l'écran. Ensuite, faites glisser le curseur pour appeler les services d'urgence locaux ou attendez la fin du compte à rebours. Votre Apple Watch informera également vos contacts d'urgence et partagera votre position avec eux. Pour mettre fin à l'appel d'urgence, appuyez sur le bouton de téléphone rouge sur l'écran. Pour modifier vos paramètres d'urgence, ouvrez l'application Paramètres sur votre Apple Watch, appuyez sur SOS, puis choisissez les options souhaitées.

Vous pouvez utiliser le haut-parleur ou le microphone de votre Apple Watch pour passer et recevoir des appels, ou utiliser d'autres appareils, tels que des AirPod, des écouteurs ou des haut-parleurs de voiture. Pour modifier la source audio pendant un appel, appuyez sur le bouton audio sur l'écran, puis choisissez l'appareil que vous souhaitez utiliser. Vous pouvez également régler le volume de l'appel en tournant la Digital Crown ou en appuyant sur les boutons de volume situés sur le côté de votre Apple Watch.

Vous pouvez personnaliser les paramètres de sonnerie, de vibration et de notification de vos appels sur votre Apple Watch, en fonction de vos préférences et de vos besoins. Pour modifier les paramètres de sonnerie, ouvrez l'application Paramètres sur votre Apple Watch, appuyez sur Sons et haptiques, puis choisissez les options souhaitées. Pour modifier les paramètres de vibration, ouvrez l'application Paramètres sur votre Apple Watch

# Suivi de la condition physique et de la santé

## Comment suivre votre activité et vos entraînements

L'Apple Watch Series 7 est un appareil puissant qui peut vous aider à suivre votre activité et vos entraînements, ainsi que votre santé et votre bien-être. Vous pouvez utiliser l'application Activité pour surveiller vos mouvements quotidiens, l'application Entraînement pour enregistrer vos exercices et l'application Santé pour mesurer votre fréquence cardiaque, votre sommeil, votre ECG et votre niveau d'oxygène dans le sang. Vous pouvez également utiliser diverses fonctionnalités et paramètres pour personnaliser votre suivi, tels que les objectifs, les tendances, les compétitions et les notifications.

Dans ce chapitre, vous apprendrez comment suivre votre activité et vos entraînements avec votre Apple Watch Series 7. Vous découvrirez également quelques trucs et astuces pour tirer le meilleur parti de votre suivi.

## Comment suivre votre activité

Votre activité correspond à la quantité de mouvements physiques que vous effectuez tout au long de la journée. L'application Activité sur votre Apple Watch assure le suivi de votre activité à l'aide de trois anneaux : l'anneau de déplacement, l'anneau d'exercice et l'anneau de support. L'objectif est de fermer chaque anneau chaque jour en atteignant vos objectifs personnels en matière de calories actives, de minutes d'exercice et d'heures debout. L'application Fitness sur votre iPhone affiche l'historique de vos activités, les tendances, les récompenses et bien plus encore.

**Voici les étapes pour suivre votre activité avec votre Apple Watch :**

Pour voir la progression de votre activité, ouvrez l'application Activité sur votre Apple Watch. Vous verrez les trois anneaux et vos totaux actuels pour chacun. Tournez la couronne numérique pour voir plus de détails, tels que vos pas, la distance parcourue, les vols gravis et l'historique de vos activités. Appuyez pour voir votre résumé hebdomadaire.

Pour modifier vos objectifs d'activité, ouvrez l'application Activité sur votre Apple Watch. Appuyez fermement sur l'écran, puis appuyez sur Modifier les objectifs. Appuyez sur ou pour ajuster votre objectif de déplacement, puis appuyez sur Suivant. Répétez les mêmes étapes pour vos objectifs d'exercice et de position debout. Lorsque vous avez terminé, appuyez sur OK.

Pour voir les tendances de votre activité, ouvrez l'application Fitness sur votre iPhone. Appuyez sur l'onglet Résumé, puis faites défiler jusqu'à Tendances. Vous verrez comment vos mesures d'activité se comparent à vos performances moyennes au cours des 90 derniers jours. Une flèche verte signifie que vous vous améliorez, une flèche grise signifie que vous vous maintenez et une flèche rouge signifie que vous déclinez. Appuyez sur une mesure pour voir plus de détails et de suggestions.

Pour voir vos récompenses d'activité, ouvrez l'application Fitness sur votre iPhone. Appuyez sur l'onglet Résumé, puis faites défiler jusqu'à Récompenses. Vous verrez les récompenses que vous avez gagnées pour avoir atteint certains jalons ou défis liés à votre activité. Appuyez sur une récompense pour voir plus de détails et la partager avec d'autres.

Pour rivaliser avec vos amis, ouvrez l'application Fitness sur votre iPhone. Appuyez sur l'onglet Partage, puis appuyez sur le bouton plus pour inviter un ami. Vous pouvez également accepter une invitation d'un ami. Une fois connecté, vous pouvez voir la progression de l'activité de chacun, envoyer des messages et lancer une compétition. Une compétition dure sept jours et vous pouvez gagner jusqu'à 600 points par jour en fonction de votre pourcentage de l'objectif Move. La personne avec le plus de points à la fin du concours gagne.

Pour personnaliser vos paramètres d'activité, ouvrez l'application Watch sur votre iPhone. Appuyez sur Ma montre, puis sur Activité. Vous pouvez choisir les options de votre choix, telles que le coaching quotidien, les mises à jour des progrès, les rappels de stand, la réalisation d'objectifs et les défis spéciaux.

**Comment suivre vos entraînements**

Vos entraînements sont les exercices spécifiques que vous faites pour améliorer votre forme physique et votre santé. L'application Entraînement sur votre Apple Watch vous permet de choisir parmi une variété d'entraînements, tels que la marche, la course, le vélo, la natation, le yoga, etc. Vous pouvez également créer vos propres entraînements personnalisés. L'application Entraînement enregistre votre temps, vos calories, votre fréquence cardiaque, votre distance, votre vitesse et d'autres données pour chaque entraînement. L'application Fitness sur votre iPhone affiche l'historique de vos entraînements, vos itinéraires, des résumés et bien plus encore.

Voici les étapes pour suivre vos entraînements avec votre Apple Watch :

Pour démarrer une séance d'entraînement, ouvrez l'application Entraînement sur votre Apple Watch.

Faites glisser votre doigt vers le haut ou vers le bas pour voir la liste des entraînements, puis appuyez sur celui de votre choix. Vous pouvez également appuyer sur le bouton plus pour créer un entraînement personnalisé. Si vous souhaitez définir un objectif spécifique pour votre entraînement, tel que les calories, la distance ou la durée, appuyez sur le bouton points de suspension, puis choisissez votre objectif. Pour démarrer l'entraînement, appuyez sur Démarrer ou attendez la fin du compte à rebours.

Pour suspendre ou reprendre un entraînement, balayez vers la droite, puis appuyez sur Pause ou Reprendre. Vous pouvez également appuyer simultanément sur la Digital Crown et sur le bouton latéral pour mettre en pause ou reprendre un entraînement.

Pour marquer un segment dans un entraînement, appuyez deux fois sur l'écran. Un segment est une partie de votre entraînement que vous souhaitez suivre séparément, comme un tour, une série ou un intervalle. Vous pouvez voir vos segments dans l'application Fitness sur votre iPhone.

Pour mettre fin à un entraînement, balayez vers la droite, puis appuyez sur Fin. Vous pouvez également appuyer longuement sur la couronne numérique, puis dire « Fin de l'entraînement » à Siri. Vous verrez un résumé de votre entraînement, tel que votre temps, vos calories, votre fréquence cardiaque, votre distance, votre vitesse et vos segments. Faites glisser votre doigt vers le haut pour voir plus de détails ou vers la gauche pour voir vos récompenses. Appuyez sur Terminé pour enregistrer votre entraînement.

Pour consulter l'historique de vos entraînements, ouvrez l'application Fitness sur votre iPhone. Appuyez sur l'onglet Résumé, puis appuyez sur

Afficher plus à côté d'Entraînements. Vous verrez une liste de vos entraînements, triés par date. Appuyez sur un entraînement pour afficher plus de détails, tels que votre itinéraire, vos temps intermédiaires, votre fréquence cardiaque et vos segments. Vous pouvez également modifier ou supprimer un entraînement en appuyant sur le bouton Modifier.

Pour personnaliser vos paramètres d'entraînement, ouvrez l'application Watch sur votre iPhone. Touchez Ma montre, puis touchez Entraînement. Vous pouvez choisir les options de votre choix, telles que les rappels d'entraînement, la pause automatique, la détection automatique en cours d'exécution, le mode d'économie d'énergie et l'affichage de l'entraînement.

**Comment suivre votre fréquence cardiaque**

Votre fréquence cardiaque est le nombre de battements de votre cœur par minute. Votre fréquence cardiaque peut varier en fonction de votre activité, de votre stress, de votre état de santé et d'autres facteurs. L'application Fréquence cardiaque sur votre Apple Watch mesure votre fréquence cardiaque à l'aide d'un capteur situé au dos de la montre. Vous pouvez également voir votre fréquence cardiaque pendant une séance d'entraînement, sur le cadran de votre montre ou dans l'application Santé sur votre iPhone. L'application Santé affiche votre historique de fréquence cardiaque, vos moyennes, vos plages et bien plus encore.

**Voici les étapes pour suivre votre fréquence cardiaque avec votre Apple Watch :**

Pour voir votre fréquence cardiaque actuelle, ouvrez l'application Fréquence cardiaque sur votre Apple Watch. Vous verrez votre fréquence cardiaque en battements par minute, ainsi qu'un graphique de votre fréquence cardiaque au cours de la dernière heure. Balayez vers la gauche pour voir votre fréquence cardiaque au repos et votre fréquence cardiaque en marche. Faites glisser votre doigt vers la droite pour voir votre récupération de fréquence cardiaque, c'est-à-dire la rapidité avec laquelle votre fréquence cardiaque diminue après une séance d'entraînement.

Pour consulter votre fréquence cardiaque pendant un entraînement, démarrez un entraînement à l'aide de l'application Entraînement sur votre Apple Watch. Faites glisser votre doigt vers la gauche ou la droite pour afficher les mesures de votre entraînement, telles que le temps, les calories, la distance et la vitesse. L'une des mesures est votre fréquence cardiaque, qui indique votre fréquence cardiaque actuelle et votre zone de fréquence cardiaque. Votre zone de fréquence cardiaque est une plage de fréquences cardiaques qui correspond à l'intensité de votre entraînement, comme l'échauffement, la combustion des graisses, le cardio ou le pic. Vous pouvez personnaliser les mesures de votre entraînement en ouvrant l'application Watch sur votre iPhone, en appuyant sur Ma montre, en appuyant sur Entraînement, puis en appuyant sur Vue d'entraînement.

Pour voir votre fréquence cardiaque sur le cadran de votre montre, choisissez un cadran qui affiche votre fréquence cardiaque, tel que Infograph, Modular ou Utility. Vous pouvez également ajouter une complication de fréquence cardiaque à n'importe quel cadran de montre qui la prend en charge. Pour changer le cadran de votre montre ou ajouter une complication, appuyez fermement sur l'écran, puis balayez vers la gauche ou la droite pour choisir un cadran de montre, ou appuyez sur Personnaliser pour ajouter une complication. Appuyez sur la complication de fréquence cardiaque pour ouvrir l'application Fréquence cardiaque.

Pour consulter l'historique de votre fréquence cardiaque, ouvrez l'application Santé sur votre iPhone. Appuyez sur l'onglet Parcourir, puis appuyez sur Cœur. Vous verrez vos données de fréquence cardiaque, telles que votre fréquence cardiaque au repos, votre fréquence cardiaque en marche, la variabilité de votre fréquence cardiaque et vos notifications de fréquence cardiaque élevée et faible. Appuyez sur un type de données pour afficher plus de détails, tels que vos moyennes, plages et graphiques quotidiens, hebdomadaires, mensuels ou annuels. Vous pouvez également appuyer sur Afficher plus de données cardiaques pour afficher d'autres types de données, telles que votre électrocardiogramme (ECG) et votre taux d'oxygène dans le sang.

**Comment suivre votre sommeil**

Votre sommeil correspond à la quantité et à la qualité du repos que vous obtenez chaque nuit. Le sommeil peut affecter votre humeur, votre énergie, votre santé et vos performances. L'application Sommeil sur votre Apple Watch vous aide à suivre votre sommeil et à créer un horaire de sommeil. Vous pouvez régler votre heure de coucher et de réveil, et votre montre vous rappellera quand vous coucher et quand vous réveiller. Votre montre suivra également la durée et la qualité de votre sommeil, et vous montrera vos tendances et informations en matière de sommeil. L'application Santé sur votre iPhone affiche votre historique de sommeil, vos moyennes, vos objectifs et bien plus encore.

**Voici les étapes pour suivre votre sommeil avec votre Apple Watch :**

Pour créer un horaire de sommeil, ouvrez l'application Sommeil sur votre Apple Watch.

Appuyez sur Programme complet, puis sur Ajouter un programme. Choisissez les jours de la semaine auxquels vous souhaitez appliquer le planning, puis appuyez sur Suivant. Réglez votre heure de coucher et de réveil, puis appuyez sur Suivant. Choisissez vos options de réveil, comme une alarme sonore, une alarme haptique ou une alarme silencieuse. Appuyez sur Ajouter pour enregistrer votre emploi du temps. Vous pouvez également créer plusieurs programmes pour différents jours ou heures, ou modifier ou supprimer un programme existant en appuyant sur le bouton Modifier.

Pour suivre votre sommeil, portez votre Apple Watch au lit. Assurez-vous que votre montre a au moins 30 % d'autonomie de batterie ou chargez-la avant d'aller vous coucher. Lorsqu'il est temps d'aller au lit, votre montre vous le rappelle et active automatiquement le mode Ne pas déranger et le mode veille. Le mode veille assombrit l'écran de votre montre et vous affiche l'heure actuelle. Pour suivre votre sommeil, portez votre Apple Watch au lit. Assurez-vous que votre montre a au moins 30 % d'autonomie de batterie ou chargez-la avant d'aller vous coucher. Lorsqu'il est temps d'aller au lit, votre montre vous le rappelle et active automatiquement le mode Ne pas déranger et le mode veille. Le mode veille assombrit l'écran de votre montre et vous affiche l'heure actuelle et votre alarme de réveil. Pour désactiver le mode veille, faites glisser votre doigt vers le haut sur l'écran et appuyez sur Réveil.

Pour consulter vos données de sommeil, ouvrez l'application Sommeil sur votre Apple Watch. Vous verrez la durée et la qualité de votre sommeil, ainsi que votre objectif et votre horaire de sommeil. Balayez vers la gauche pour voir vos tendances de sommeil, telles que votre durée de sommeil moyenne, la régularité de votre heure de coucher et votre fréquence cardiaque pendant le sommeil.

Faites glisser votre doigt vers la droite pour consulter vos informations sur le sommeil, telles que des conseils et des suggestions pour améliorer votre sommeil. Appuyez pour voir plus de détails ou modifier vos paramètres.

Pour consulter votre historique de sommeil, ouvrez l'application Santé sur votre iPhone. Appuyez sur l'onglet Parcourir, puis appuyez sur Veille. Vous verrez vos données de sommeil, telles que votre durée de sommeil, votre analyse du sommeil, votre horaire de sommeil et votre objectif de sommeil. Appuyez sur un type de données pour afficher plus de détails, tels que vos moyennes, graphiques et tendances quotidiens, hebdomadaires, mensuels ou annuels. Vous pouvez également appuyer sur Afficher plus de données sur le sommeil pour voir d'autres types de données, telles que votre routine du coucher, les bruits de votre sommeil et votre relaxation.

Comment suivre votre ECG et votre niveau d'oxygène dans le sang

Votre électrocardiogramme (ECG) et votre taux d'oxygène dans le sang sont deux indicateurs importants de votre santé cardiaque et respiratoire. L'application ECG sur votre Apple Watch mesure les signaux électriques de votre cœur et peut détecter les signes de fibrillation auriculaire (AFib), une forme courante de rythme cardiaque irrégulier. L'application Blood Oxygen sur votre Apple Watch mesure la quantité d'oxygène dans votre sang et peut vous aider à comprendre dans quelle mesure votre corps absorbe l'oxygène. Vous pouvez également consulter vos données ECG et votre niveau d'oxygène dans le sang dans l'application

Santé sur votre iPhone. L'application Santé affiche l'historique de votre ECG et de votre taux d'oxygène dans le sang, les moyennes, les plages et bien plus encore.

Voici les étapes pour suivre votre ECG et votre niveau d'oxygène dans le sang avec votre Apple Watch :

Pour réaliser un ECG, ouvrez l'application ECG sur votre Apple Watch. Assurez-vous que votre montre est bien ajustée et confortable sur votre poignet et que vos bras reposent sur une table ou sur vos genoux. Maintenez votre doigt sur la Digital Crown pendant 30 secondes, sans appuyer dessus. Vous verrez votre rythme cardiaque sur l'écran, ainsi qu'une classification, comme le rythme sinusal, la fibrillation auriculaire ou non concluant. Appuyez sur Enregistrer pour ajouter les symptômes que vous pourriez présenter, puis appuyez sur Terminé pour enregistrer votre ECG. Vous pouvez également partager votre ECG avec votre médecin en appuyant sur Exporter un PDF pour votre médecin dans l'application Santé sur votre iPhone.

Pour mesurer votre taux d'oxygène dans le sang, ouvrez l'application Blood Oxygen sur votre Apple Watch. Assurez-vous que votre montre est bien ajustée et confortable sur votre poignet et que vos bras reposent sur une table ou sur vos genoux. Appuyez sur Démarrer, puis restez immobile pendant 15 secondes. Vous verrez votre niveau d'oxygène dans le sang sur l'écran, ainsi qu'un pourcentage, tel que 98 % ou 95 %. Appuyez sur Terminé pour enregistrer votre niveau d'oxygène dans le sang. Vous pouvez également consulter les tendances et les informations relatives à votre taux d'oxygène dans le sang en appuyant sur Afficher plus de données sur l'oxygène dans le sang dans l'application Santé sur votre iPhone.

**Trucs et astuces pour suivre votre activité et vos entraînements**

Voici quelques trucs et astuces pour tirer le meilleur parti de votre suivi avec votre Apple Watch Series 7 :

Vous pouvez utiliser la fonction Always On pour garder l'écran de votre montre allumé pendant votre activité et vos entraînements, afin que vous puissiez toujours voir vos progrès et vos mesures. Pour activer ou désactiver la fonctionnalité Always On, ouvrez l'application Paramètres sur votre Apple Watch, appuyez sur Affichage et luminosité, puis activez le commutateur Always On. Vous pouvez également le faire depuis l'application Watch sur votre iPhone.

Vous pouvez utiliser la fonction de détection automatique d'entraînement pour démarrer et arrêter automatiquement vos entraînements, en fonction de vos mouvements et de votre fréquence cardiaque. Pour activer ou désactiver la fonction de détection automatique d'entraînement, ouvrez l'application Watch sur votre iPhone, appuyez sur Ma montre, appuyez sur Entraînement, puis activez les commutateurs Rappel de début d'entraînement et Rappel de fin d'entraînement. Vous pouvez également choisir les entraînements à détecter automatiquement en appuyant sur Détecter les entraînements.

Vous pouvez utiliser le service Fitness+ pour accéder à une variété d'entraînements guidés, tels que le HIIT, le yoga, la danse, le gainage de base, etc. Vous pouvez diffuser les entraînements sur votre iPhone, iPad ou Apple TV et voir vos mesures et commentaires sur l'écran. Pour utiliser le service Fitness+, vous avez besoin d'une Apple Watch Series 3 ou version ultérieure et d'un abonnement à Apple Fitness+. Pour démarrer un entraînement

Fitness+, ouvrez l'application Fitness sur votre iPhone, iPad ou Apple TV, puis appuyez sur l'onglet Fitness+. Choisissez un type d'entraînement, un entraîneur, une heure et un genre de musique, puis appuyez sur Allons-y. Vous pouvez également parcourir les entraînements par catégorie, comme débutant, temps de recharge en pleine conscience ou temps de marche.

# Utiliser des applications sur votre Apple Watch

Comment explorer l'App Store

L'App Store sur votre Apple Watch Series 7 vous permet de découvrir et de télécharger des milliers d'applications qui peuvent améliorer votre expérience avec votre montre intelligente. Vous pouvez trouver des applications pour diverses catégories, telles que la forme physique, la santé, la productivité, le divertissement, etc. Vous pouvez également installer et gérer des applications sur votre Apple Watch à l'aide de votre iPhone.

Dans ce chapitre, vous apprendrez comment explorer l'App Store sur votre Apple Watch Series 7. Vous découvrirez également certaines des applications populaires pour la productivité, la santé et le divertissement que vous pouvez essayer sur votre Apple Watch.

Comment installer et gérer des applications
Vous pouvez installer et gérer des applications sur votre Apple Watch de deux manières : en utilisant l'App Store sur votre Apple Watch ou en utilisant l'application Watch sur votre iPhone. Voici les étapes pour chaque méthode :

Utilisation de l'App Store sur votre Apple Watch :

Ouvrez l'application App Store sur votre Apple Watch en appuyant sur son icône sur la grille des applications ou sur le dock.

Pour rechercher une application, appuyez sur l'icône de recherche dans le coin supérieur droit. Vous pouvez utiliser le gribouillage, la dictée ou le clavier pour saisir votre requête. Vous pouvez également faire défiler vers le bas pour voir les applications en vedette et les collections d'applications organisées.

Pour afficher les détails d'une application, appuyez sur l'icône de l'application. Vous verrez la description, les notes, les critiques, les captures d'écran, les notes de version de l'application, etc. Vous pouvez également faire glisser votre doigt vers la gauche ou la droite pour voir les applications associées ou d'autres applications du même développeur.

Pour installer une application, appuyez sur le prix ou sur le bouton Obtenir. Si l'application est gratuite, son téléchargement ne vous sera pas facturé. Certaines applications gratuites peuvent proposer des achats intégrés ou des abonnements que vous pourrez acheter ultérieurement. Lorsque vous y êtes invité, double-cliquez sur le bouton latéral sous Digital Crown pour télécharger et installer l'application.

Pour supprimer une application, appuyez sur la couronne numérique pour accéder à l'écran d'accueil. Appuyez longuement sur l'icône d'une application jusqu'à ce qu'elle tremble, puis appuyez sur le bouton X. Appuyez sur Supprimer l'application pour confirmer. Vous pouvez également faire glisser votre doigt vers la gauche sur une application dans la vue liste, puis appuyer sur le bouton Supprimer.

**Utilisation de l'application Watch sur votre iPhone :**

Ouvrez l'application Watch sur votre iPhone et appuyez sur l'onglet Ma montre.

Pour installer une application, faites défiler vers le bas pour voir les applications que vous pouvez installer dans la section Applications disponibles. Appuyez sur le bouton d'installation à côté de l'application que vous souhaitez ajouter. Vous pouvez également appuyer sur l'onglet App Store pour parcourir et rechercher des applications dans l'App Store.

Pour supprimer une application, faites défiler vers le bas pour voir les applications que vous avez installées dans la section Installée sur Apple Watch. Appuyez sur l'application que vous souhaitez supprimer, puis désactivez le bouton Afficher l'application sur l'Apple Watch. Vous pouvez également appuyer sur le bouton Modifier, puis appuyer sur le bouton Supprimer à côté de l'application.

Pour gérer les paramètres d'une application, faites défiler vers le bas pour voir les applications que vous avez installées dans la section Installée sur Apple Watch. Appuyez sur l'application que vous souhaitez configurer, puis choisissez les options souhaitées. Certaines applications peuvent avoir des paramètres supplémentaires auxquels vous pouvez accéder depuis l'application elle-même sur votre Apple Watch.

## Applications populaires pour la productivité, la santé et le divertissement

Il existe de nombreuses applications que vous pouvez utiliser sur votre Apple Watch pour augmenter votre productivité, améliorer votre santé et vous amuser. Voici quelques-unes des applications populaires que vous pouvez essayer sur votre Apple Watch Series 7 :

**Applications de productivité :**

**Choses1**: Things est une puissante application de gestion de tâches qui vous aide à organiser votre vie et à faire avancer les choses. Vous pouvez créer des listes de tâches, des projets, des rappels et bien plus encore. Vous pouvez également synchroniser vos tâches avec votre iPhone, iPad et Mac. Sur votre Apple Watch, vous pouvez afficher vos tâches, les cocher, en ajouter de nouvelles et utiliser Siri pour les gérer avec votre voix.

**Fantastique2**: Fantastical est une application de calendrier intelligente qui vous permet de gérer vos événements, rendez-vous, rappels et bien plus encore. Vous pouvez également utiliser le langage naturel pour créer de nouveaux événements ou rappels, tels que « Déjeuner avec Bob demain à midi

». Sur votre Apple Watch, vous pouvez consulter votre calendrier, voir vos événements à venir, en ajouter de nouveaux et utiliser Siri pour les contrôler avec votre voix.

**Brouillons3**: Drafts est une application de capture rapide qui vous permet de noter des notes, des idées, des messages et bien plus encore. Vous pouvez également utiliser des actions pour envoyer vos brouillons vers d'autres applications, telles que des e-mails, des messages, des rappels, etc. Sur votre Apple Watch, vous pouvez dicter ou griffonner de nouveaux brouillons, ajouter ou ajouter des brouillons à ceux existants et utiliser des actions pour les traiter.

**Applications de santé :**

**WaterMinder4 :**WaterMinder est une application de suivi de l'hydratation qui vous aide à rester hydraté et en bonne santé. Vous pouvez définir votre objectif quotidien de consommation d'eau, enregistrer vos boissons et voir vos progrès. Sur votre Apple Watch, vous pouvez consulter votre niveau d'hydratation, ajouter de nouvelles boissons et recevoir des rappels pour boire plus d'eau.

**Cycle de sommeil**: Sleep Cycle est une application de suivi du sommeil qui analyse la qualité de votre sommeil et vous aide à vous réveiller en pleine forme. Vous pouvez utiliser votre Apple Watch pour suivre votre sommeil, mesurer votre fréquence cardiaque et utiliser la fonction d'alarme silencieuse. Sur votre Apple Watch, vous pouvez consulter vos données de sommeil, démarrer et arrêter votre suivi du sommeil et utiliser la fonction anti-ronflement.

**Espace de tête**: Headspace est une application de méditation et de pleine conscience qui vous aide à réduire le stress, à améliorer votre concentration et à vivre plus heureux. Vous pouvez choisir parmi des centaines de méditations guidées, de cours et d'exercices sur divers sujets, tels que l'anxiété, le sommeil, la productivité, etc. Sur votre Apple Watch, vous pouvez accéder à vos méditations préférées, contrôler votre lecture et utiliser la fonction moments de pleine conscience.

**Applications de divertissement :**

**Spotify**: Spotify est une application de streaming de musique et de podcasts qui vous permet d'écouter des millions de chansons, d'albums, de listes de lecture et de podcasts. Vous pouvez également découvrir de nouvelles musiques, créer vos propres playlists et suivre vos artistes préférés. Sur votre Apple Watch, vous pouvez contrôler votre lecture, parcourir votre bibliothèque et télécharger de la musique pour une écoute hors ligne.

**Audible**: Audible est une application de livres audio et de podcast qui vous permet d'écouter des milliers de titres, des best-sellers aux classiques, de la fiction à la non-fiction, et bien plus encore. Vous pouvez également profiter d'originaux exclusifs, de podcasts et d'émissions audio. Sur votre Apple Watch, vous pouvez contrôler votre lecture, parcourir votre bibliothèque et synchroniser vos livres audio pour une écoute hors ligne.

**Crack de quiz :** Trivia Crack est un jeu-questionnaire amusant et addictif qui vous permet de défier vos amis ou des joueurs aléatoires pour répondre à des questions dans six catégories : art, science, histoire, divertissement, sports et géographie. Vous pouvez également collectionner des personnages, discuter avec vos adversaires et créer vos propres questions. Sur votre Apple Watch, vous pouvez jouer au jeu, répondre aux questions et faire tourner la roue.

## Comment configurer Apple Pay sur votre Apple Watch Series 7

Apple Pay est un moyen pratique et sécurisé d'effectuer des paiements sans contact avec votre Apple Watch Series 7. Vous pouvez utiliser Apple Pay pour payer des biens et des services dans les magasins, les restaurants, les transports en commun, etc. Vous pouvez également utiliser Apple Pay pour envoyer et recevoir de l'argent avec vos amis et votre famille, ou pour régler des achats dans des applications.

Dans ce chapitre, vous apprendrez comment configurer Apple Pay sur votre Apple Watch Series 7. Vous apprendrez également à gérer vos pass et billets dans l'application Wallet sur votre Apple Watch.

**Comment effectuer des paiements sans contact**

Pour effectuer des paiements sans contact avec votre Apple Watch, vous devez ajouter une ou plusieurs cartes de crédit, de débit ou prépayées à l'application Wallet sur votre Apple Watch. Vous pouvez également ajouter Apple Cash, une carte virtuelle qui vous permet d'envoyer et de recevoir de l'argent avec Apple Pay. Vous pouvez utiliser n'importe laquelle des cartes que vous avez ajoutées à l'application Wallet sur votre iPhone, ou vous pouvez ajouter de nouvelles cartes directement sur votre Apple Watch.

**Voici les étapes pour effectuer des paiements sans contact avec votre Apple Watch :**
**Pour ajouter une carte à votre Apple Watch, effectuez l'une des opérations suivantes :**

Ouvrez l'application Watch sur votre iPhone, appuyez sur Ma montre, puis sur Wallet et Apple Pay. Appuyez sur Ajouter une carte, puis suivez les instructions à l'écran pour scanner votre carte ou saisir manuellement les détails de la carte. Vous devrez peut-être vérifier votre carte auprès de votre banque ou de l'émetteur de votre carte par téléphone, SMS, e-mail ou application.

Ouvrez l'application Wallet sur votre Apple Watch, appuyez sur le bouton plus, puis appuyez sur Ajouter une carte. Choisissez Carte de crédit ou de débit, puis suivez les instructions à l'écran pour scanner votre carte ou saisissez manuellement les détails de la carte. Vous devrez peut-être vérifier votre carte auprès de votre banque ou de l'émetteur de votre carte par téléphone, SMS, e-mail ou application.

Pour régler un achat en magasin, procédez comme suit :

Double-cliquez sur le bouton latéral de votre Apple Watch pour ouvrir l'application Wallet. Vous verrez votre carte par défaut sur l'écran. Si vous souhaitez utiliser une autre carte, faites glisser votre doigt vers la gauche ou la droite pour la choisir.

Tenez votre Apple Watch à quelques centimètres du lecteur sans contact, l'écran face au lecteur. Vous sentirez un léger tapotement et entendrez un bip pour confirmer que le paiement a réussi. Vous verrez également une coche et Terminé sur l'écran.

**Pour payer un achat dans une application, procédez comme suit :**

Ouvrez l'application sur votre Apple Watch qui prend en charge Apple Pay, comme Uber, Starbucks ou Target. Choisissez l'option Apple Pay lors du paiement. Vous verrez votre carte par défaut et le montant sur l'écran. Si vous souhaitez utiliser une autre carte, faites glisser votre doigt vers le bas pour la choisir.

Double-cliquez sur le bouton latéral de votre Apple Watch pour confirmer le paiement. Vous sentirez un léger tapotement et entendrez un bip pour confirmer que le paiement a réussi. Vous verrez également une coche et Terminé sur l'écran.

## Comment gérer les laissez-passer et les billets dans Wallet

L'application Wallet sur votre Apple Watch vous permet également de stocker et d'utiliser divers laissez-passer et billets, tels que des cartes d'embarquement, des billets d'événements, des coupons, des cartes de fidélité, des cartes d'étudiant, etc. Vous pouvez ajouter des laissez-passer et des billets à l'application Wallet sur votre iPhone, et ils seront automatiquement synchronisés avec votre Apple Watch. Vous pouvez également ajouter certains pass et billets directement sur votre Apple Watch, comme les cartes d'embarquement que vous recevez dans un e-mail ou un message.

Voici les étapes pour gérer les pass et les billets dans Wallet sur votre Apple Watch :

Pour ajouter un pass ou un billet à votre Apple Watch, effectuez l'une des opérations suivantes :

Sur votre iPhone, ouvrez l'application, l'e-mail, le message, la notification ou toute autre communication contenant votre pass ou billet. Appuyez sur Ajouter à Apple Wallet, puis suivez les instructions à l'écran ou appuyez sur Ajouter dans le coin supérieur droit. Le pass ou le billet apparaîtra dans l'application Wallet sur votre iPhone et votre Apple Watch.

Sur votre Apple Watch, ouvrez l'e-mail ou le message contenant votre pass ou billet. Appuyez sur le pass ou le billet, puis sur Ajouter au portefeuille. Le pass ou le billet apparaîtra dans l'application Wallet sur votre Apple Watch et votre iPhone.

**Pour utiliser un pass ou un ticket sur votre Apple Watch, procédez comme suit :**

Ouvrez l'application Wallet sur votre Apple Watch en appuyant sur son icône sur la grille des applications ou sur le dock. Vous verrez vos cartes et laissez-passer sur l'écran. Faites glisser votre doigt vers la gauche ou la droite pour choisir le pass ou le billet que vous souhaitez utiliser.

Tenez votre Apple Watch à quelques centimètres du scanner ou du lecteur, avec l'écran face au scanner ou au lecteur. Vous sentirez une légère pression et entendrez un bip pour confirmer que le pass ou le billet a été scanné. Vous verrez également une coche et Terminé sur l'écran.

**Pour supprimer un pass ou un ticket de votre Apple Watch, procédez comme suit :**

Ouvrez l'application Wallet sur votre Apple Watch. Faites glisser votre doigt vers la gauche ou la droite pour choisir le pass ou le billet que vous souhaitez supprimer. Appuyez fermement sur l'écran, puis appuyez sur Supprimer. Appuyez sur Supprimer le laissez-passer pour confirmer.

Vous pouvez également supprimer un pass ou un ticket depuis l'application Watch sur votre iPhone. Appuyez sur Ma montre, puis sur Portefeuille et Apple Pay. Appuyez sur le pass ou le ticket que vous souhaitez supprimer, puis appuyez sur Supprimer le pass.

# Comment ajuster les paramètres et les préférences sur Apple Watch Series 7

L'Apple Watch Series 7 est un appareil polyvalent et personnalisable qui vous permet de personnaliser votre expérience avec divers paramètres et préférences. Vous pouvez changer les bracelets de montre et les accessoires en fonction de votre style, de votre humeur ou de votre activité. Vous pouvez également personnaliser les complications et les cadrans pour accéder aux informations et fonctionnalités dont vous avez le plus besoin.

Dans ce chapitre, vous apprendrez comment ajuster les paramètres et les préférences de votre Apple Watch Series 7. Vous apprendrez également comment changer de bracelet et d'accessoires de montre, et comment personnaliser les complications et les cadrans de montre.

Comment changer les bracelets et accessoires de montre

L'un des moyens les plus simples de modifier l'apparence de votre Apple Watch consiste à changer le bracelet et les accessoires de la montre. Vous pouvez choisir parmi une large gamme de bracelets et d'accessoires compatibles avec la taille du boîtier de votre Apple Watch, tels que le Solo Loop, le Sport Band, le Milanese Loop, le Link Bracelet, et bien plus encore. Vous pouvez également utiliser des bracelets et accessoires tiers conçus pour Apple Watch, à condition qu'ils correspondent à la taille de votre boîtier.

**Voici les étapes pour changer les bracelets de montre et les accessoires de votre Apple Watch Series 7 :**

Pour retirer le bracelet de montre actuel, placez votre Apple Watch face vers le bas sur une surface propre, comme un chiffon non pelucheux ou un tapis doux. Maintenez enfoncé le bouton de déverrouillage du bracelet situé à l'arrière de la montre, puis faites glisser le bracelet pour le retirer. Si le bracelet ne glisse pas, appuyez à nouveau sur le bouton de déverrouillage du bracelet et assurez-vous de le maintenir enfoncé.

Pour attacher un nouveau bracelet de montre, assurez-vous que le texte sur le bracelet est face à vous, puis faites glisser le nouveau bracelet jusqu'à ce que vous sentiez et entendiez un clic. Ne forcez jamais un bracelet dans la fente. Si vous rencontrez des difficultés pour attacher ou détacher un bracelet, maintenez à nouveau le bouton de déverrouillage du bracelet enfoncé et réessayez.

Pour changer les accessoires, tels que le câble de chargement, l'adaptateur secteur ou la coque de protection, assurez-vous qu'ils sont compatibles avec votre modèle Apple Watch et la taille du boîtier. Suivez les instructions fournies avec les accessoires pour les connecter ou les attacher à votre Apple Watch.

# Comment personnaliser les complications et les cadrans de montre

Une autre façon de personnaliser votre Apple Watch consiste à personnaliser les complications et les cadrans de la montre. Les complications sont de petits widgets qui affichent des informations utiles ou fournissent un accès rapide aux fonctionnalités du cadran de votre montre, telles que la météo, l'activité, la fréquence cardiaque, etc. Les cadrans de montre sont les modèles qui affichent l'heure et les complications sur l'écran de votre Apple Watch. Vous pouvez choisir parmi une variété de cadrans de montre, tels que Infograph, Modular, California, etc. Vous pouvez également créer vos propres cadrans de montre personnalisés ou télécharger des cadrans de montre depuis l'App Store ou d'autres sources.

**Voici les étapes pour personnaliser les complications et les cadrans de votre Apple Watch Series 7 :**

Pour ajouter ou modifier des complications sur le cadran de votre montre, appuyez sur la couronne numérique pour accéder à l'écran d'accueil, puis touchez et maintenez le cadran actuel de la montre. Appuyez sur Modifier, puis balayez vers la gauche jusqu'à ce que l'écran Complications apparaisse. Appuyez sur un emplacement de complication pour le sélectionner, puis tournez la Digital Crown pour choisir une nouvelle complication parmi les options disponibles. Vous pouvez également utiliser l'application Watch sur votre iPhone pour ajouter ou modifier des complications sur le cadran de votre montre.

Pour changer le cadran de votre Apple Watch, appuyez sur la couronne numérique pour accéder à l'écran d'accueil, puis balayez vers la gauche ou la droite pour parcourir les cadrans de votre collection. Appuyez sur le cadran de la montre vers lequel vous souhaitez basculer. Vous pouvez également utiliser l'application Watch sur votre iPhone pour modifier le cadran de votre Apple Watch.

Pour ajouter un nouveau cadran de montre à votre collection, appuyez sur la couronne numérique pour accéder à l'écran d'accueil, puis touchez et maintenez le cadran de montre actuel. Faites glisser votre doigt vers la gauche jusqu'à ce que le bouton Nouveau (+), puis appuyez dessus. Tournez la Digital Crown pour parcourir la galerie des cadrans de montre, puis appuyez sur le cadran de montre que vous souhaitez ajouter. Vous pouvez également utiliser l'application Watch sur votre iPhone pour ajouter un nouveau cadran à votre collection.

Pour personnaliser un cadran de montre sur votre Apple Watch, appuyez sur la couronne numérique pour accéder à l'écran d'accueil, puis touchez et maintenez le cadran de montre actuel. Appuyez sur Modifier, puis balayez vers la gauche ou la droite pour voir les options de personnalisation, telles que la couleur, le style, la mise en page et les complications. Appuyez ou tournez la couronne numérique pour modifier les options, puis appuyez sur la couronne numérique pour enregistrer vos modifications. Vous pouvez également utiliser l'application Watch sur votre iPhone pour personnaliser un cadran sur votre Apple Watch.

## Comment utiliser la configuration familiale et plusieurs montres sur Apple Watch Series 7

L'Apple Watch Series 7 est un excellent appareil pour un usage personnel, mais elle peut également être partagée avec les membres de votre famille ou utilisée avec plusieurs montres. Vous pouvez utiliser la fonctionnalité Configuration familiale pour configurer et gérer une Apple Watch pour quelqu'un qui ne possède pas son propre iPhone, comme votre enfant ou votre parent. Vous pouvez également utiliser la fonction Auto Switch pour basculer entre différentes montres associées au même iPhone, comme une montre de fitness et une montre habillée.

Dans ce chapitre, vous apprendrez à utiliser la configuration familiale et plusieurs montres sur votre Apple Watch Series 7. Vous apprendrez également à déverrouiller votre Mac avec votre Apple Watch, à résoudre les problèmes courants et à maximiser la durée de vie de la batterie.

# Comment configurer et gérer une Apple Watch pour un membre de la famille

La configuration familiale vous permet de configurer et de gérer une Apple Watch pour un membre de la famille qui ne possède pas son propre iPhone. Vous pouvez utiliser votre iPhone pour coupler et configurer la montre, ainsi que pour contrôler certaines fonctionnalités et paramètres de la montre. Vous pouvez également utiliser l'application Screen Time sur votre iPhone pour surveiller et limiter l'utilisation de la montre, en particulier pour vos enfants.

**Pour utiliser la configuration familiale, vous avez besoin des éléments suivants :**

Une Apple Watch Series 4 ou version ultérieure avec cellulaire, ou une Apple Watch SE avec cellulaire, avec watchOS 7 ou version ultérieure.

Un iPhone 6s ou version ultérieure avec iOS 14 ou version ultérieure pour la configuration initiale de la montre.

Un identifiant Apple pour vous-même et un pour le membre de la famille qui utilisera l'Apple Watch.

Votre identifiant Apple doit avoir l'authentification à deux facteurs activée.

Un groupe de partage familial qui inclut la personne qui utilisera l'Apple Watch. Vous devez avoir le rôle d'organisateur ou de parent/tuteur pour configurer une Apple Watch pour un membre de la famille.

**Voici les étapes pour configurer et gérer une Apple Watch pour un membre de la famille :**
Pour configurer une Apple Watch pour un membre de la famille, procédez comme suit :

Si l'Apple Watch n'est pas neuve, effacez-la d'abord. Ensuite, mettez la montre ou demandez à un membre de votre famille de la mettre. Appuyez et maintenez le bouton latéral jusqu'à ce que le logo Apple apparaisse.

Tenez votre iPhone près de l'Apple Watch. Attendez que « Utilisez votre iPhone pour configurer cette Apple Watch » apparaisse sur votre iPhone, puis appuyez sur Continuer. Si vous ne voyez pas ce message, ouvrez l'application Apple Watch sur votre iPhone, appuyez sur Toutes les montres, puis appuyez sur Ajouter une montre.

Appuyez sur Configurer pour un membre de la famille, puis appuyez sur Continuer sur l'écran suivant.

Lorsque vous y êtes invité, positionnez votre iPhone de manière à ce que l'Apple Watch apparaisse dans le viseur de l'application Apple Watch. Cela associe les deux appareils.

Appuyez sur Configurer l'Apple Watch. Suivez les instructions sur votre iPhone et Apple Watch pour terminer la configuration. Vous devrez saisir l'identifiant Apple et le mot de passe du membre de la famille, choisir un forfait cellulaire, définir un mot de passe, activer ou désactiver des fonctionnalités, et bien plus encore.

**Pour gérer une Apple Watch pour un membre de la famille, procédez comme suit :**

Ouvrez l'application Watch sur votre iPhone et appuyez sur Toutes les montres. Appuyez sur la montre que vous souhaitez gérer, puis appuyez sur le bouton d'information (i).

Vous verrez diverses options pour gérer la montre, telles que changer le nom, dissocier la montre, mettre à jour le logiciel, etc.

Vous pouvez également appuyer sur Famille pour voir et modifier les informations du membre de la famille, telles que son nom, sa photo, sa date de naissance et ses informations médicales.

Vous pouvez également appuyer sur Temps d'écran pour voir et ajuster l'utilisation de la montre, comme la définition des limites de communication, des temps d'arrêt, des limites des applications, des restrictions de contenu et de confidentialité, etc.

Comment basculer entre plusieurs montres sur votre iPhone

Auto Switch vous permet de basculer entre différentes montres associées au même iPhone. Par exemple, vous pouvez avoir une montre de fitness pour vos entraînements et une montre habillée pour vos occasions formelles. Vous pouvez facilement basculer entre eux sans avoir à les appairer et à les dissocier manuellement à chaque fois.

**Pour utiliser la commutation automatique, vous avez besoin des éléments suivants :**

Deux montres Apple ou plus compatibles avec votre modèle d'iPhone et votre version iOS.

L'application Apple Watch sur votre iPhone avec la dernière version.

Le même identifiant Apple sur votre iPhone et toutes vos montres Apple.

Voici les étapes pour basculer entre plusieurs montres sur votre iPhone :

Pour associer une nouvelle montre à votre iPhone, procédez comme suit :

Si la montre n'est pas neuve, effacez-la d'abord. Ensuite, mettez la montre. Appuyez et maintenez le bouton latéral jusqu'à ce que le logo Apple apparaisse.

Tenez votre iPhone près de la montre. Attendez que « Utilisez votre iPhone pour configurer cette Apple Watch » apparaisse sur votre iPhone, puis appuyez sur Continuer. Si vous ne voyez pas ce message, ouvrez l'application Apple Watch sur votre iPhone, appuyez sur Toutes les montres, puis appuyez sur Ajouter une montre.

Lorsque vous y êtes invité, positionnez votre iPhone de manière à ce que la montre apparaisse dans le viseur de l'application Apple Watch. Cela associe les deux appareils.

Appuyez sur Configurer en tant que nouvelle Apple Watch. Suivez les instructions sur votre iPhone et Apple Watch pour terminer la configuration. Vous devrez saisir votre identifiant Apple et votre mot de passe, choisir un forfait cellulaire, définir un mot de passe, activer ou désactiver des fonctionnalités, et bien plus encore.

Pour basculer entre les montres sur votre iPhone, procédez comme suit :

Mettez la montre que vous souhaitez utiliser. La montre se connectera automatiquement à votre iPhone et affichera une icône de téléphone verte sur le centre de contrôle.

Vous pouvez également ouvrir l'application Apple Watch sur votre iPhone et appuyer sur Toutes les montres. Appuyez sur la montre que vous souhaitez utiliser, puis appuyez sur Utiliser cette montre.

Vous pouvez également faire glisser votre doigt vers le haut sur le cadran de votre montre et appuyer sur l'icône verte du téléphone pour voir quelle montre est actuellement connectée à votre iPhone. Appuyez sur Changer de montre pour choisir une autre montre.

## Comment déverrouiller votre Mac avec votre Apple Watch

Vous pouvez utiliser votre Apple Watch pour déverrouiller votre Mac lorsqu'il sort du mode veille. Il s'agit d'un moyen pratique et sécurisé d'accéder à votre Mac sans avoir à saisir votre mot de passe. Vous pouvez également utiliser votre Apple Watch pour approuver d'autres demandes nécessitant votre mot de passe administrateur, telles que l'installation d'applications ou la modification de paramètres.

Pour utiliser votre Apple Watch pour déverrouiller votre Mac, vous avez besoin des éléments suivants :

Une Apple Watch avec watchOS 3 ou version ultérieure.

Un Mac avec macOS Sierra ou version ultérieure prenant en charge le déverrouillage automatique. Vous pouvez vérifier l'année modèle de votre Mac en cliquant sur le menu Pomme dans le coin supérieur gauche de votre écran, puis en choisissant À propos de ce Mac.

Votre Mac et votre Apple Watch ont le Wi-Fi et le Bluetooth activés.

Votre Mac et votre Apple Watch sont connectés à iCloud avec le même identifiant Apple et votre identifiant Apple utilise une authentification à deux facteurs.

Votre Apple Watch utilise un mot de passe.

**Voici les étapes pour déverrouiller votre Mac avec votre Apple Watch :**

Pour activer la fonctionnalité de déverrouillage automatique sur votre Mac, procédez comme suit :

Choisissez le menu Pomme > Préférences Système, puis cliquez sur Sécurité et confidentialité.

Cliquez sur l'onglet Général, puis sélectionnez « Utiliser votre Apple Watch pour déverrouiller des applications et votre Mac » ou « Autoriser votre Apple Watch à déverrouiller votre Mac ».
Si vous devez vérifier votre identifiant Apple ou votre mot de passe Mac, suivez les instructions à l'écran.

Pour déverrouiller votre Mac avec votre Apple Watch, procédez comme suit
Tout en portant votre montre déverrouillée, réveillez votre Mac en ouvrant le couvercle, en appuyant sur une touche ou en cliquant sur la souris ou le trackpad.

Vous verrez « Déverrouillage avec Apple Watch » sur l'écran de votre Mac, suivi d'une coche et de « Déverrouillé par Apple Watch ».

Vous ressentirez également une légère pression, entendrez un carillon sur votre Apple Watch et verrez une notification indiquant que votre Mac a été déverrouillé.

**Pour approuver les demandes de mot de passe avec votre Apple Watch, procédez comme suit :**
Lorsque votre Mac vous demande de saisir votre mot de passe ou d'approuver avec votre Apple Watch, double-cliquez sur le bouton latéral de votre Apple Watch.

Vous verrez « Demande d'approbation d'Apple Watch » sur l'écran de votre Mac, suivi d'une coche et « Approuvé par Apple Watch ».

Vous ressentirez également une légère pression, entendrez un carillon sur votre Apple Watch et verrez une notification indiquant que votre Mac a été approuvé.

# Comment résoudre les problèmes courants

L'Apple Watch Series 7 est un appareil fiable et avancé, mais elle peut également rencontrer quelques problèmes de temps en temps. Certains des problèmes courants auxquels vous pouvez être confronté sont les problèmes de couplage, les problèmes de charge, les problèmes de mise à jour et les problèmes de performances. Voici quelques conseils et solutions pour résoudre ces problèmes.

**Problèmes de couplage :** Si vous rencontrez des difficultés pour coupler votre Apple Watch avec votre iPhone, essayez ce qui suit :

Assurez-vous que votre iPhone et votre Apple Watch sont compatibles, mis à jour et à portée l'un de l'autre.

Assurez-vous que le Wi-Fi et le Bluetooth sont activés sur votre iPhone et votre Apple Watch et que votre iPhone n'est pas en mode avion.

Assurez-vous que votre Apple Watch n'est pas couplée à un autre iPhone. Si c'est le cas, dissociez-le d'abord.

Redémarrez votre iPhone et votre Apple Watch, puis essayez à nouveau de les coupler.

Si vous ne parvenez toujours pas à coupler vos appareils, contactez l'assistance Apple ou visitez un Apple Store pour obtenir de l'aide.

**Problèmes de charge**: Si votre Apple Watch ne se charge pas ou ne s'allume pas, essayez ce qui suit : Assurez-vous que votre Apple Watch, son câble de chargement et son adaptateur sont propres et exempts de débris ou de dommages.

Assurez-vous que votre Apple Watch est correctement alignée et connectée à son câble de chargement magnétique et que le câble est branché sur une source d'alimentation.

Assurez-vous que votre Apple Watch n'est pas en mode Réserve d'énergie. Si tel est le cas, maintenez enfoncé le bouton latéral jusqu'à ce que le logo Apple apparaisse, puis chargez votre montre.

Essayez d'utiliser un autre câble de chargement, un autre adaptateur ou une autre prise de courant, et évitez d'utiliser des rallonges ou des multiprises.

Si votre Apple Watch ne se charge toujours pas ou ne s'allume pas, contactez l'assistance Apple.

# Questions fréquemment posées

Voici quelques-unes des questions fréquemment posées sur l'Apple Watch Series 7, basées sur

Q : Quand l'Apple Watch Series 7 sortira-t-elle ?

R : Apple n'a pas annoncé la date de sortie exacte de l'Apple Watch Series 7, mais elle devrait être disponible plus tard cet automne. Vous pouvez vous inscrire pour recevoir des mises à jour sur le site Web d'Apple ou vérifier la disponibilité auprès de votre Apple Store local ou d'un revendeur agréé.

Q : Combien coûte l'Apple Watch Series 7 ?

R : L'Apple Watch Series 7 commence à 399 $ pour le modèle GPS 41 mm et à 499 $ pour le modèle GPS + Cellular 41 mm. Les modèles 45 mm coûtent 30 $ de plus. Les prix peuvent varier en fonction du bracelet, du matériau du boîtier et de la capacité de stockage. Vous pouvez également bénéficier d'AppleCare+ moyennant des frais supplémentaires.

Q : Quelles sont les nouvelles fonctionnalités de l'Apple Watch Series 7 ?

R : L'Apple Watch Series 7 dispose d'un écran plus grand, plus puissant et plus lumineux, d'un chargement plus rapide via USB-C et d'une série de nouvelles couleurs pour le modèle en aluminium. Il a également une résistance à la poussière IP6X et une résistance à l'eau WR50. Il possède les mêmes caractéristiques de santé, capteurs, processeur et batterie que la série 6.

Q : L'Apple Watch Series 7 est-elle compatible avec les anciens bracelets et accessoires ?

R : Oui, l'Apple Watch Series 7 fonctionne avec tous les anciens bracelets et accessoires Apple Watch, à condition qu'ils correspondent à la taille de votre boîtier. Vous pouvez également utiliser des bracelets et accessoires tiers conçus pour Apple Watch, à condition qu'ils correspondent à la taille de votre boîtier.

Q : Comment puis-je configurer et gérer une Apple Watch pour un membre de la famille qui n'a pas d'iPhone ?

R : Vous pouvez utiliser la fonctionnalité Configuration familiale pour configurer et gérer une Apple Watch pour un membre de la famille qui n'a pas d'iPhone. Vous avez besoin d'une Apple Watch Series 4 ou version ultérieure avec cellulaire, d'un iPhone 6s ou version ultérieure avec iOS 14 ou version ultérieure, d'un identifiant Apple pour vous et un membre de votre famille, ainsi que d'un groupe de partage familial. Vous pouvez utiliser votre iPhone pour coupler et configurer la montre, ainsi que pour contrôler certaines fonctionnalités et paramètres de la montre. Vous pouvez également utiliser l'application Screen Time sur votre iPhone pour surveiller et limiter l'utilisation de la montre.

Q : Comment puis-je basculer entre plusieurs montres associées au même iPhone ?

R : Vous pouvez utiliser la fonction de commutation automatique pour basculer entre différentes montres associées au même iPhone. Vous avez besoin de deux montres Apple ou plus compatibles avec le modèle de votre iPhone et la version iOS, de l'application Apple Watch sur votre iPhone avec la dernière version et du même identifiant Apple sur votre iPhone et toutes vos montres Apple. Vous pouvez facilement basculer entre eux en mettant la montre que vous souhaitez utiliser ou en utilisant l'application Apple Watch sur votre iPhone.

Q : Comment puis-je déverrouiller mon Mac avec mon Apple Watch ?

R : Vous pouvez utiliser votre Apple Watch pour déverrouiller votre Mac lorsqu'il sort du mode veille. Vous avez besoin d'une Apple Watch avec watchOS 3 ou version ultérieure, d'un Mac avec macOS Sierra ou version ultérieure prenant en charge le déverrouillage automatique, votre Mac et votre Apple Watch ont le Wi-Fi et le Bluetooth activés, et votre Mac et votre Apple Watch sont connectés à iCloud avec le même identifiant Apple. Vous pouvez activer la fonction de déverrouillage automatique sur votre Mac en accédant à Préférences Système > Sécurité et confidentialité > Général et en sélectionnant « Utiliser votre Apple Watch pour déverrouiller des applications et votre Mac » ou « Autoriser votre Apple Watch à déverrouiller votre Mac ».

Q : Comment puis-je résoudre les problèmes courants sur mon Apple Watch Series 7 ?

R : Certains des problèmes courants auxquels vous pouvez être confronté sur votre Apple Watch Series 7 sont des problèmes de couplage, des problèmes de charge, des problèmes de mise à jour et des problèmes de performances. Vous pouvez essayer certains des conseils et solutions suivants pour résoudre ces problèmes :

**Problèmes de couplage**: Assurez-vous que votre iPhone et votre Apple Watch sont compatibles, mis à jour et à portée l'un de l'autre. Assurez-vous que le Wi-Fi et le Bluetooth sont activés sur votre iPhone et votre Apple Watch et que votre iPhone n'est pas en mode avion. Assurez-vous que votre Apple Watch n'est pas couplée à un autre iPhone. Si c'est le cas, dissociez-le d'abord. Redémarrez votre iPhone et votre Apple Watch, puis essayez à nouveau de les coupler. Si vous ne parvenez toujours pas à coupler vos appareils, contactez l'assistance Apple ou visitez un Apple Store pour obtenir de l'aide.

**Problèmes de charge :** Assurez-vous que votre Apple Watch, son câble de chargement et son adaptateur sont propres et exempts de débris ou de dommages. Assurez-vous que votre Apple Watch est correctement alignée et connectée à son câble de chargement magnétique et que le câble est branché sur une source d'alimentation. Assurez-vous que votre Apple Watch n'est pas en mode Réserve d'énergie. Si tel est le cas, maintenez enfoncé le bouton latéral jusqu'à ce que le logo Apple apparaisse, puis chargez votre montre. Essayez d'utiliser un autre câble de chargement, un autre adaptateur ou une autre prise de courant, et évitez d'utiliser des rallonges ou des multiprises. Si votre Apple Watch ne se charge toujours pas ou ne s'allume pas, contactez l'assistance Apple ou visitez un Apple Store pour obtenir de l'aide.

**Problèmes de mise à jour**: Assurez-vous que votre iPhone et votre Apple Watch disposent d'une autonomie de batterie suffisante et sont connectés au Wi-Fi. Assurez-vous que votre iPhone et votre Apple Watch sont proches l'un de l'autre et non en mode avion. Assurez-vous que votre Apple Watch dispose d'au moins 50 % d'autonomie de batterie et qu'elle est connectée à son chargeur. Ouvrez l'application Watch sur votre iPhone et appuyez sur Ma montre > Général > Mise à jour logicielle. Appuyez sur Télécharger et installer, puis suivez les instructions à l'écran. Si vous voyez un message d'erreur ou si la mise à jour échoue, réessayez ou contactez l'assistance Apple pour obtenir de l'aide.

**Problèmes de performances :** Assurez-vous que votre iPhone et votre Apple Watch sont mis à jour avec la dernière version du logiciel. Redémarrez votre iPhone et Apple Watch, puis vérifiez si le problème persiste. Si le problème est lié à une application spécifique, essayez de supprimer et de réinstaller l'application sur votre iPhone et Apple Watch. Si le problème est lié à la montre elle-même, essayez de dissocier et de coupler à nouveau votre Apple Watch. Si le problème persiste, contactez l'assistance Apple ou visitez un Apple Store pour obtenir de l'aide.

www.ingramcontent.com/pod-product-compliance
Lightning Source LLC
Chambersburg PA
CBHW060047260726
48658CB00004B/1221